忌神怪談
占い師の怖い話

幽木武彦

竹書房
怪談
文庫

まえがき

ようこそ、占い師の怖い話第三弾へ。

今までの本もみんな読んでいるよというみなさんも、今回が初めてというかたも、心より御縁に感謝いたします。

世の中は不思議に満ちています。

怪異にも満ちています。

世界は決してひとつなんかではありません。「幽霊なんているわけないだろ」という超合理主義者のすぐうしろに、異界へと続く虚ろな穴がぽっかりと空いていたりします。

そのことを、占いを通じて邂逅を果たすさまざまなお客様が語る怪異譚の数々で、今日も私は唖然としながら実感しています。

『占い師の怖い話』シリーズのおかげで、私のことを「ちょっと変な占い師」と認識してくださるかたは、とても多くなりました。

おかげで私は不思議な、本当に不思議な能力をお持ちのかた、あるいは怖い体験談をお持ちのかたに、以前に比べたら思いがけない多さで声をかけていただけるようになりました。ありがたい話です。

この本は、そんな風にして第二弾『怪談天中殺』上梓以降に知りあったお客様たちから聞いた恐怖譚が中心になっています。

お前の怪談は毎回テイストが異なるなとお思いになるとしたら、それは出逢うお客様がその都度違うからだと思います。

でも事実そうではありながら、私という狂言回しのフィルターを通して語ることで、いやでも滲みだす「幽木怪談」は、やはりあるかも知れません。

何にせよ、算命学は今回も、体験者のみなさんが語る怪異の数々をさらに不気味なものにしています。

お待たせしました。

こんなこと、誰にも言えずに生きてきたと多くの人が告白しながら語ってくれた、本邦初公開ばかりの怪談ショー、始まりです。

著者

目次

※本書に登場する人物名は、様々な事情を考慮してすべて仮名にしてあります。また、作中に登場する体験者の記憶と体験当時の世相を鑑み、極力当時の様相を再現するよう心がけています。現代においては若干耳慣れない言葉・表記が登場する場合がありますが、これらは差別・侮蔑を意図する考えに基づくものではありません。

怪談本

読書家の千絵さんが、一戸建ての家に家族で越したばかりの頃。

七年前の話だそうだ。

「私の部屋は二階の南西にあるんですけど、当時は書棚が足りなくて。しかたなく、入りきらなかった怪談関連の本は、段ボール箱に入れたままにしていました。五、六十冊はあったと思います」

段ボール箱には、怪談本が入っていることはまったく書かれていなかった。

ところが――。

「七年前ですから、小学五年生でした。うちの次男が、ママの部屋って何だか不気味で怖い。入りたくないって言ったんです」

千絵さんは驚いた。

不気味で怖いとはどういうことだ。

思い当たるのは、怪談本ぐらいしかない。

「子供に気味悪がられるのもいやなので、決心して、全部新古書店に売ってしまいました。たいせつにしていたんですけどね。もちろん怪談本のことも、それらを売ってしまったことも、次男には一言も言いませんでした」

それなのに。

怪談本がなくなった途端、千絵さんの次男はこう言った。

――あれ。どうして。怖くなくなってる。

「そんなこと言ったかななんて、もう本人はすっかり忘れているようなんですけど。なんて言うんでしょうね……私……うん、何か、気味が悪かったです、正直」


それでは、始めよう。

不気味で怖い、怪談本。

すでにあなたは、その中にいる。

兄妹

草壁さんは、三十代の女性。

小さなときから霊感がある。

鑑定を通じて懇意になった。そんな草壁さんに、何か怖い話、奇妙な話があったら聞かせてほしいと私は頼んだ。

すると草壁さんは、こんな話を聞かせてくれた。「実は今、すごく気になっていて」と言いながら……。


兄夫婦のことだという。

草壁さんたち兄妹は、先祖代々続く老舗商店の家系に生まれた。

社交的で陽性な草壁さんとは違い、彼女の兄は内向的。

卑屈な面も強いという。

兄は母親に溺愛され、何不自由なく育った。

周囲からは「もっと苦労させせないとだめだ」とか「過保護すぎる」と言われたが、母親は耳を貸さなかった。

「兄は若い頃、実家から離れた会社に就職して働き始めたんですけど、うまくいかなかったみたいで。心配した母に帰ってくるよう勧められ、会社を辞めてすぐに帰ってきてしまいました。そして結局、それっきり」

いい加減いい歳になる現在も、ずっと実家で暮らしているという。結婚をして家を出た草壁さんは、そんな兄が心配でならない。

「親が甘やかしていますから、お金には困りません。一日中ネットゲームに夢中になるような生活の中、ゲームで知りあった女性と結婚しました」

それでも兄は、実家を出ようとしなかった。新妻とともに、実家での結婚生活を開始した。

しかも生活費は、相変わらず実家にまったく入れようとしないまま。

「そのうち、めでたく子供にも恵まれました。最初は男の子。そして、次の年には女の子。私の母も、大喜びで近所の人たちに自慢していたんですけど」

だが、やがて。

兄妹はどちらも、先天的な精神の疾患を持っていることが分かった。

男の子のほうは特に重度だった。

言葉を話せるようには、一生ならないのではないかと言われた。妹は兄に比べれば軽度であったが、生まれつき身体中に痣があった。

「兄はそんなこともあって、鬱状態になってしまいました。また私の義姉……お嫁さんのほうは、子供たちの障害をいまだに受け入れられず、むりやりふつうの保育園に通わせています」

母親は近所の人たちに「どうしよう、このままでは跡継ぎが……」と愚痴を漏らしているという。

「心配すべきところはそこじゃないでしょうって、正直思うんですけどね」

草壁さんはそうため息をついた。


ちなみに、この兄妹の母親の命式は以下の通りだ。年干支は省略する。

年干支　××
月干支　乙卯《おつぼくのう》

日干支　壬子《じんすいのね》

日干支が「壬子」ということは「寅卯天中殺」の宿命だ。

そうすると、この人は月干支が中殺されていることになる。月支に天中殺の十二支「卯」がすっぽりと入っているからだ。

年干支　××
月干支　乙**卯**
日干支　壬子

これはつまり「生月中殺」。

月干支は家系と子供の場なので「家系中殺」、さらには「子供中殺」ということになる（年干支は親の場所、日干支は本人と伴侶の場所）。

子供には、いろいろと苦労が多くなりやすい。

しかも、この人の場合はそれだけではない。

すべての地支(十二支)は、その中に十干を包含している。二十八元という。そして「卯」

の中にある十干はと言えば――。

年干支　××
月干支　乙卯　――　乙
日干支　壬子

「乙」がひとつ。そして日干（自分自身を表す）「壬（水性陽干）」のこのお嫁さんにとっての子供は、水生木で木性（甲、乙）になるのである。
つまり、月干支にいるのは二人の子供だ。

年干支　××
月干支　**乙**卯　――　**乙**
日干支　壬子

「生月中殺」だから子供には苦労しやすい。先ほど私はそう言った。
だがこの奥さんの命式はさらに強烈だ。

中殺されている月柱にいるのは「二人の子供」。そういう意味でも子供が中殺されている。ダブルの意味で「子供中殺」と言える宿命なのである。

「考え方や生き方を変えなきゃいけないいんじゃないかなって、兄たち夫婦を見るたび、私、実は思うんです」

草壁さんはそう言って、さらに重苦しい顔つきになった。

里帰りをし、両親や兄夫婦、甥っ子、姪っ子たちと過ごした深夜。水を飲もうと、草壁さんはあてがわれた部屋を出て、キッチンに向かった。

兄たち親子が使っている部屋から物音がした。

すでにかなり、夜は更けている。

それなのに、まだ起きているのだろうか。

「私、つい引き戸を開けて覗いてしまいました。そうしたら、子供たちはすでに寝ていたんですが」

兄とお嫁さんは、まだ起きていた。

明かりを落とした暗い部屋。

それぞれのＰＣに向かって、ネットゲームに夢中になっている。

部屋の中は雑然としていた。どうしてこんなに散らかっているのかとあきれるぐらい、ものが散乱している。

幼い兄妹は、散らかり放題の部屋で眠っていた。空いているところに場所を見つけ、小さくなって寝ているようにすら見えた。

「十二畳の和室なんですけど、すごく狭く見えました。部屋の二箇所にだけ、ぼわんと青白い灯りが点って、兄と嫁の顔が浮かびあがっていました。離れた場所で、二人とも相手のことなんて眼中にない感じでゲームをしていました」

しかも、それだけではなかった。

草壁さんは、ギョッとした。ＰＣの画面が放つ灯りだけの暗い部屋。だがよく見ると、部屋の中には――。

「たくさんの黒い影が、兄とお嫁さん、それぞれの背後に立って、虚ろな顔をしてうなだれているんです」

影たちはだらりと手を垂らし、うつむいていた。

物言わぬ彼ら、彼女らは、幼い兄妹のまわりにもいた。数えたわけではない。だが十人ぐらいはいたのではないかと草壁さんは言う。

「やっぱりこんな生活、長く続けてちゃいけないいんじゃないかって思いました。ちゃんとお祓いとかして、兄もお嫁さんもきちんと働くなりなんなりして自立しないと」

でないと、あの子たちが可哀想ですと、草壁さんは甥と姪を案じた。

「あの、もしかして」

私は草壁さんに、つい聞いた。

「草壁さんって、幽霊が見えたの、そのときだけじゃないんじゃないですか。たとえば幼いお子さんたち。ひょっとして常に、変なものが憑いていたりするとか」

ぶしつけな質問だった。

私の問いに、草壁さんは押しだまった。

何も言わなかった。

だがやがて、困ったように笑って、彼女は言った。

「それは言えません。それだけは」

勘弁してくださいと、草壁さんは言った。

二階の窓

強い絆で結ばれた親子というのは、やはりいる。
柴浦さんという五十代の女性。
その娘で、現在十代の美緒ちゃん。
二人の命式を見比べた私は、感慨を禁じえなかった。

◎柴浦さん

年干支　丁未《ていかのひつじ》
月干支　癸卯《きすいのう》
日干支　**壬午**《じんすいのうま》

柴浦さんの日干支は「壬午」。

日干支は狭義で「自分自身」を表す。

そして娘の美緒ちゃんは、母の日干支と同じ干支の年に生まれている。

つまり、これまた「壬午」。

◎美緒ちゃん

年干支　**壬午**
月干支　丁未
日干支　己卯《きどのう》

自分の日干支と同じ干支の年（六十年に一度しか回らない）に生まれてくるなんて、かなりの縁の深さを感じる。

もっとも、同じ干支がふたつ揃うことを「律音《りっちん》」と言い、そもそも命式間にこれが発生することと自体で、縁の深さを物語ってはいるけれど。

しかも、柴浦さんと美緒ちゃんの命式に発生する「律音」はこれだけではない。

◎柴浦さん

年干支　**丁未**
月干支　癸卯
日干支　壬午

◎美緒ちゃん

年干支　壬午
月干支　**丁未**
日干支　己卯

柴浦さんの年干支と美緒ちゃんの月干支が、これまたどちらも「丁未」。

実はこれら以外にも、二人の命式には強い結びつきを感じさせるものがあり「前世でも出逢っていたんじゃないですかね」と私は言った。

たしかにそうだったようだ。

縁あって知りあった霊能者には「前世でも親子だった」と言われたという。

これは、そんな二人が現世で出逢って、三年目頃の話。

その霊能者も登場する。


柴浦さんたち夫妻には、なぜだか子供ができなかった。

柴浦さんは人知れず苦しんだ。

どうしても子供がほしい。

「そうしたら、あるとき叔母が言ったんです」

——そういうときは無縁様。その土地の無縁様にお願いをすればいいんだよ。

無縁様。

その土地で無縁仏として埋葬されないまま、寺院ではなく、すぐそこにいる霊——それが「無縁様ってどういうものをおっしゃっていますか」と質問した私への、柴浦さんの回答だ。

「正直、ほんとにそんなことをしていいのかななんて思わないでもなかったんですけど、当時の私は藁にもすがりたい心境でした」

当時、柴浦さんと夫は、近畿地方某県のある場所にマイホームを購入していた。

数十年のローン。

念願の一戸建て。

自然の豊かな土地柄で、夫の勤め先へも近い好物件だった。

少なくとも当時は、そう思えた。

「叔母の教えで、私は無縁様にお茶をあげるようになりました。もちろん毎日です。ベランダにお茶をたむけ、どうか子供をお授けくださいと手を合わせて祈りました」

やがて。

その甲斐あってか、二人は子供に恵まれた。

それが、美緒ちゃんだった。

だが美緒ちゃんは、ちょっぴり身体が弱く生まれた。

現在は、そろそろ成人式を迎えるような年ごろにまで成長したが、今も柴浦さんは生活のほとんどの時間を美緒ちゃんのために使っている。

柴浦さんなしに、美緒ちゃんの生活は成りたたない。

「美緒のことを思うと、やっぱり当時は申し訳ない気持ちでいっぱいで。毎日自分を責め続けました。無縁様になんて安易にすがってしまったからよくなかったんだろうかとか、朝も夜も泣き腫らしながら美緒に謝っていましたね」

そんな生活も、三年ほどが経ったある日。

ずいぶん長いこと会っていない実弟から電話がかかってきた。

ここでは徹さんとする。

徹さんは遠く離れた首都圏で、雑誌記者の仕事をしていた。

「それまで一回も、私たちの新居に来たことはありませんでした。距離も離れていますし、生まれた子が病気だったものですから、弟を呼べるような状況でもなかった。そんなこんなで、弟から電話をもらうこと自体久しぶりでした」

ところが。

徹さんの用件は、思いがけないものだった。

彼は仕事で、ある著名人にインタビューをした。

それがどんな人物であったかは、ここには書かない。

性別も。

だが特異な霊能を持つ人として、当時から一部ではよく知られた存在だった。

――あなた、お姉さんがいるでしょ。

その人は徹さんを見て言ったという。

徹さんは驚きつつも「はい」と答えた。

すると、その著名人は言った。

――お姉さんのお子さん、もしかして病気じゃないですか。

「『そう言われたんだよ、もう俺びっくりしちゃって』って、電話の向こうで興奮してまくし立てるんです。でも人のことは言えません。私も驚いてしまって。そうしたらその方、弟にさらにこう言ったって言うんです」

――あのね。びっくりしないでほしいんだけど、その子のまわりを子供たちの霊が走り回っている。家の中で。

柴浦さんは慄然とした。

背筋がゾッとしたことを、今でも昨日のことのように覚えている。

著名人のすごい力に驚嘆した。

言われてみれば、思い当たる節もあった。

「その頃、美緒を抱っこすると、なぜだかいつも私にしがみついてきたんです。私は『どうしたの』って聞くんですけど、美緒はもうそれどころじゃなくて。とにかくまわりをキョロキョロキョロキョロ。あっちを見ては顔を引きつらせ、こっちを見ては変な声をあげたり、そんな不可解なことがずっと続いていたんです」

何だろう、いやだなあと心配になっていた。柴浦さんはその人の話を聞いて、ようやく得心した。

どうすればいいのか、先生に聞いてもらえないか。

柴浦さんは、無理を承知で徹さんに相談した。徹さんは、可愛い姪と姉のために一肌脱いだ。

「その先生がおっしゃったのは、とにかく私が泣いてばかりいるから、霊たちも私に同化して集まってきちゃっていると。その霊たちも、みんな生前悲しい境遇にあったらしいんですね。だから、泣いてばかりいるのは絶対によくないよと言われたのと、あとは……今住んでいる土地も、ちょっとどうかなということでした」

柴浦さんたちの暮らすニュータウンは、もともと荒れ地だった土地を埋め立ててできた場所だった。

心配になって調べてみると、いろいろなところから土を持ってきて造成されたことが分かった。

「いろいろなところってどこよって思いますよね。もういやな予感しかしません。私、ますますそこに住んでいることがいやになってしまって」

思い悩んだ柴浦さんは、信頼できる霊能者を友人に紹介してもらった。

その男性霊能者もまた、特異で強烈な能力を持つ人だった。

霊能者は柴浦さんに言った——とにかく家の中の写真と、家を外から撮った写真を送ってください。

言われた通りにした。

数日後、電話があった。

——六人ぐらいいます。小さな子供が。

柴浦さんの背中を、またもぞわぞわと鳥肌が駆けあがった。

霊能者はさらに言った。

——外からお宅を撮ってもらった写真、ありますよね。二階の窓の向こうに子供たちがいます。じっと見ています。みんなでこっちを。

もうだめだ。

柴浦さんは思った。

こんなところに暮らせない。どうあっても、やってなんかいけない。

霊能者からは、いろいろとアドバイスをもらった。

たとえば。

必ず塩と酒を敷地の四隅に蒔くようになさい。床の間に菊の花を活けなさい。飴玉と水を毎日捧げ、一週間経ったら全部川に流しなさい。

「どれもみんなやってみました。でもやっぱり怖いんです。土地に縛られた霊だから、そこを離れればついてくることはないって言われたことも大きかった」

柴浦さんは決心した。

しぶる夫を説得した。

自分だけでは首を縦に振らせられないと分かると、件の霊能者にお願いし、彼からも説明と説得をしてもらった。

その甲斐あって、だったろう。

ようやく夫も、ことの重大さを認識した。

「私たちはそこを離れ、今暮らしている街に越してきました。この街に来てから十五年ぐらい経ちますけど、もう二度と怖い思いはしなくなりましたね」

柴浦さんはそう言って、私を見た。

「ただ、霊能者さんにも著名人の方と同じことを言われたんです。私が悩んだり泣いてばかりだと、どこに行っても寄ってくるものは寄ってくる。それだけは忘れないようにって」

気持ちを強く持ち、明るく生きよう。

何があろうと。

以来、柴浦さんは、そう心に決めた。自分に使える時間のほぼすべてを、美緒ちゃんのために笑顔で使おうとした。

「無縁様に、お茶なんてあげるもんじゃないですね」

取材の最後に、柴浦さんはそう言って、気味悪そうに微笑《ほほえ》んだ。

強い絆と前世からの縁で結ばれた母と娘は、今日も二人三脚で生きている。

忌神《いみがみ》の降る夜

昭和二〇年九月一七日。

太平洋戦争が終結した直後。

この日、とんでもない台風が日本を縦断した。

枕崎台風。

死者二四七三名、行方不明者一二八三名という記録の残る、歴史的な自然災害。室戸台風、伊勢湾台風とともに「昭和三大台風」として知られている。

三十代半ばの女性、吉野さんの実家は、そんな枕崎台風で甚大な被害を受けた。

集落の人たちから愛される、古い山寺。

中国地方H県の某山中にある。

その夜、今でも一族と集落の人々の間で語り継がれる事件は起きた。

「夜中だったそうです。何しろまだ終戦直後の時期ですからね。戦争に行っていた男衆の引き揚げもなかなか進んでいなかったみたいで、いたのはほとんど女性ばかり。そんな集落の裏山で土砂崩れが起きました」

怪異譚の主役になるのは、吉野さんの祖母である。

名は、はるひさんとしておこう。

当時のはるひさんは十九歳。まだ独身で、将来吉野さんの父親となるべき跡継ぎも生まれていない。

はるひさんも、すさまじい土砂崩れに襲われた。

激しい雨で、山の斜面が崩壊。

魔物と化した土石流が山寺と庫裏に牙を剥いた。

あっけなく、汚濁に呑みこまれた。

大量の土砂は建物の屋根を圧し、壁を砕いた。流れこんだ土と砂が庫裏にいた家人たちに殺意を露わにした。

死人が出た。

はるひさんの異母きょうだいが二人、命を落とした。

だが。

はるひさんは一命をとりとめた。

寝起きしていた仏間。

土砂の重みに耐えかねて部屋の柱が折れ、大きな仏壇が倒れて、はるひさんに襲いかかった。

ところが。

「信じられないことに、折れた柱が仏壇に引っかかって、隙間ができたらしいんです。おばあちゃん、胸のあたりまで土砂に埋まって身動きが取れなくなったんですが、結果的に上に仏壇と柱があったことで、それ以上土砂に埋まることなく、奇跡的に一命をとりとめました」

まさに、ご先祖様が守ってくれたのだったか。話を聞いた私は、背筋に鳥肌が立った。

年干支　丙寅《へいかのとら》
月干支　壬辰《じんすいのたつ》
日干支　辛卯《しんきんのう》

これが、はるひさんの宿命三干支。

その年の運勢を見る場合は、十年に一度変わる「大運干支」と、その年の年運干支をここに加える。
このときのはるひさんは、十歳から始まった大運「辛卯」の最終年で、昭和二〇年（一九四五年）の年運干支は「乙酉《おつぼくのとり》」だ。

年干支　丙寅
月干支　壬辰
日干支　辛卯
大運　辛卯
年運　乙酉

すると、はるひさんの日干支「辛卯」と、この年の年運干支「乙酉」が「天剋地冲《てんこくちちゅう》」という最大級の破壊現象を発生させている。

年干支　丙寅
月干支　壬辰
日干支　**辛卯**

大運　辛卯
年運　**乙酉**

天剋地冲について説明しよう。

日干の「辛（金性）」と、年運干の「乙（木性）」が「金剋木（金が木を剋す。樹木を斧でバッサバッサと斬り倒していく感じだろうか）」の「七殺」という強い破壊を発生させている。

またそれだけでなく、地支は地支で日支「卯」と年運支「酉」が「卯酉の冲動《ちゅうどう》」という最大級の衝突の組みあわせになっている。

ちなみに「冲動」というのは、十二支をぐるりと円状に並べたとき、真逆（一八〇度反対）に来るもの同士の関係を言う。

十二支はそれぞれ季節にたとえられるが、子（十二月。真冬）なら午（六月。真夏）、卯（三月。春）なら「酉」（九月。秋）が冲動の関係だ。

はるひさんはこの年、自分自身を表す日干支「辛卯」と、回ってきた年運干支「乙酉」が、天干も激しくぶつかりあう関係なら地支もまた最大級の破壊現象という、天（精神）もボロボロなら地（肉体）もボロボロになりやすい、恐ろしい可能性が暗示されていたのである。

これを天剋地冲という。

誰にとっても要注意な、危険極まりないときである。

しかも、この年のはるひさんはこれだけに留まらない。十年に一度変わる「大運干支」にも「辛卯」が回ってきている。

年干支　丙寅
月干支　壬辰
日干支　**辛卯**
大運　　**辛卯**
年運　　**乙酉**

つまり「天剋地冲×天剋地冲」。

日干支と年運の「天剋地冲」と、大運、年運の間に発生する「天剋地冲」がダブルで襲いかかってきている。

これは怖い。

危険度倍増である。
その上、さらに言うなら、昭和二〇年九月の月運干支もまた「乙酉」だ。

年干支　丙寅
月干支　壬辰
日干支　辛卯
大運　　辛卯
年運　　乙酉
月運　　**乙酉**

こうなってしまうと、

①日干支と年運干支の「天剋地冲」
②大運干支と年運干支の「天剋地冲」
③日干支と月運干支の「天剋地冲」
②大運干支と月運干支の「天剋地冲」

ということになり、言うなれば、

天剋地冲　×　天剋地冲　×　天剋地冲　×　天剋地冲

と、あり得ないほど破壊現象の凶意が増す。はるひさんの昭和二〇年九月は、こんな恐ろしい運勢の元にあったのである。

そしてさらに。

災禍が発生した当日、九月十七日の「日運干支」まで加えてみよう。

年干支　丙寅
月干支　壬辰
日干支　辛卯
大運　辛卯
年運　乙酉
月運　乙酉

日運　己丑《きのとのうし》

昭和二〇年九月十七日の日運干支は「己丑」。「己」は土性陰干、「丑」は土性で陰の十二支だ。

天干も「土」なら、地支も「土」。

実は、はるひさんの命式では、忌神（守護神の反対。その人の人生に降りかかる苦しみの種）は「土性」（戊、己）なのだ。

忌神が土性。土。土砂崩れ。

しかも、天干も地支も「忌神＝土性」だらけの日に。

はっきり言って、命を落とさなくてよかったと私は思った。間違いなく、仏様、ご先祖様に守っていただいたのであろう。


昭和二〇年九月十八日。

台風の去った集落では朝から檀家が集まり、寺の復旧作業に当たったという。

重機もない中、みんなして手作業で土砂を掘り出した。

作業は困難を極めた。

なかなか思うようにはかどらず、人々はみな疲労した。

吉野さんは言う。

「ちょっと休もうやってことになって、みんなで大きな石とかに座りこんで休憩を取ったそうです。手頃な石があってよかったなんてワイワイとし、さてまたやるかと立ち上がったそうなんですけど」

みんな、一様に驚いた。

檀家たちそれぞれが座って休んでいた石が、不思議なことにどれもみな、自分の先祖の墓石だったのだ。

「現在まで伝わっているぐらいの話なので、そのインパクトたるやものすごかったらしいですよ。体験なさったご本人たちは、お亡くなりになるまで折に触れてその話をされていたようです」

ちなみに吉野さんの実家の古寺は、今も変わらずその地にある。

三台の車

岩田さんは四十代のお客さん。

中国地方の某県で暮らしている。住まいがあるのは、郊外と市街地の間ぐらい。田んぼの合間に家があるような場所だという。

「昔からここで生活している人たちにはみんな屋号があって、それで呼びあうのが習わしです。たとえば、先祖に吾作さんがいた家は吾作どん。そこに婿にいくと、吾作どんの婿さんと呼ばれます。新しく家を建ててよそから来た人たちのことは、私たち土着の者は、何年経ってもまず受け入れません。そんな土地柄です」

岩田さんはそう苦笑する。

この話は、そんな土着的、閉鎖的なところで起きた。

バブルが弾けた頃のことで、家の名はQ家としておく。

Q家は兼業農家。

祖父、祖母、跡取り息子とその嫁、三人の子供が暮らしていた。

住んでいたのは、古い平屋の日本家屋。

築七十年ぐらいにはなろうかという建物で、昔ながらの田の字に並んだ四つの部屋を中心に、家の南に縁側、西の部屋に仏間が配され、建物の東には大きくひんやりとした土間があった。使わなくなったかまどなども、そのまま置かれていたという。

広大な庭には納屋や作業場、トラクター置き場、ハウスなどがあり、敷地は高い垣根で囲まれていた。

旧家のひとつだった。

裕福でもあった。

だが、どこの家にもあることかもしれないが、Q家でも嫁と姑の仲はよくなかった。

嫁の名は、佐代子とする。

ちょっとふっくらとした感じの女性で、化粧っけはあまりなかった。

とても家族思いな、やさしい女性。着古したような割烹着をいつも身につけ、時間ができれば庭の草を延々と抜いているような、真面目な姿が子供心に目に焼きついていた。

そんな佐代子が姑に虐められ、苦しんでいるらしいという噂は、どんなに垣根を高くしようと苦もなく近所に漏れ伝わった。しかも姑は、近所でも評判の意地悪で強欲な女。性根が腐ったような、と形容する人すらいた。

ところが――。

「バブルの時期でした。もともとお金には困っていない家だったんですけど、さらに景気がよくなりました。福の神になったのは、お嫁さん。当時、四十代になるかならないかぐらいの歳だったんですけど……」

働き者だった佐代子には、不動産業に身を置く兄がいた。

「何しろあの時代ですからね。お兄さんの仲介で不動産を転がすようになって、あの家、それはもうバブリーな暮らしをするようになったんです」

佐代子は、嫁ぎ先の家のために必死になった。

少しでも姑に認められたいという思いも、あったかもしれない。

兄への信頼も厚かった。信じる彼に勧められるがまま、新たな物件を次々と、嫁ぎ先に紹介したのはごく自然ななりゆきだったろう。

そんな佐代子の勧めにしたがって土地転がしに奔走したQ家は、さらにとんでもない資産を築き、彼女は金のなる木のようにもてはやされた。

「それまでお嫁さんを評価していなかった鬼婆も、コロッと態度が変わったようになって。私はまだ子供だったので人づてに聞いた話ですが、バブルで儲けるようになってからは、いつも隣近所に上機嫌で現れては、お嫁さんの自慢ばかりしていたそうです」

だが、そんな幸福な時代も、長くは続かなかった。

バブルがはじけた。坂道を転げおちるようにとは、まさにこのこと。佐代子はあっという間に悪者になった。

「そりゃそうですよね。不動産なんて、持っているだけで税金を取られる赤字物件ばかりになってしまって。彼女の立場は、バブルの前以上に悲惨なものになってしまいました」

あれほどニコニコと嫁の自慢ばかりしていた姑は、会う人すべてに佐代子をこき下ろすようになった。

まだ子供だった岩田さんも「この疫病神が」と佐代子を怒鳴りつけている、鬼のような姑の姿を、何度も遠目に見たという。

嫁に騙された、嫁の兄は詐欺師だと外でも家でも罵られ、佐代子は見る見る痩せ細り、哀れなほど憔悴した。Q家に莫大な借金を負わせるようになったことを悔やみ、仲のよかった兄の行く末も案じる日々を過ごすようになった。

心を、病んだ。

そしてある日、ついに佐代子は暴発する。

首を吊った。

仏間の鴨居。

発見したのは、当時まだ小学校低学年だった佐代子の末娘である。

「お嫁さんは、あくまでも善意で不動産を勧めていたんです、嫁ぎ先にも、信頼するお兄さんにも絶対にいいことになるって心から信じて。バブルがはじけるなんて思いもしなかったでしょう。それなのに、嫁ぎ先のすべての人間から全人格を否定されるような扱いをされて。旦那さんも味方になってくれなかったみたいですし」

佐代子が自殺をした日、駆けつけた警察や消防に、姑はもちろん舅までもが、うちは被害者だと文句を言った。

責任を感じて命を絶った哀れな嫁への憐憫《れんびん》の情など、まったくなかった。

そして。

その晩。怪異は起きた。

Q家の前の道路。電柱に、次々と車が激突した。

一晩の間に、何と三台。

Q家の周囲で暮らす人々は、ガッシャーンと音がするたび、飛びおきた。

「そうしたら、その車を運転していた人たち、三人が三人ともこう言ったそうです」

——Q家から、突然女が飛び出してきたんだ。

嘘じゃないと、みんなが主張した。飛び出してきた女をよけるためにハンドルを切り、電柱にぶつかったのだと。

騒ぎの現場には少女だった岩田さんも、そのたび家族と駆けつけた。

三回目ともなると、警察官も何とも形容しようのない、青ざめた顔をしていたことを、今でも彼女は覚えている。

「実は私の父は、事件の発生からお通夜、お葬式と、この間に起きたほとんどのことに関わった人でした。そんな父が言っていたのは、もしかしたら嫁さんは、実家に帰りたかったのかもなあ、ということでした」

事故を起こした三台の車は、いずれも同じ方向に向かっていた。

車がめざす方角には、佐代子の実家があった。

ちなみに、鴨居にぶら下がる母親を最初に発見した末娘は、その後精神を病み、いつしかQ家からいなくなった。

今に至るもその娘の消息は、近所の誰ひとり知らないという。

高木さん

「私の主人って霊感もないですし、そういう体験も、今まで一度もしたことのなかった人なんです」

村野さんは三十代の兼業主婦。

夫の衛《まもる》さんは、車輛《しゃりょう》整備の会社を経営している。

「でもこれは、そんな主人があわてて電話をしてきた、気味の悪い話です」

村野さんはそう言って、奇妙な話を聞かせてくれた。


「ちょっと前の話です。高木さんという男性が、突然訪ねてきました。高木さんは、私の弟がかつて勤務していたスポーツ用品店の先輩です」

高木さんとは、実弟の店を訪ねたときに二度ほど会っていた。だが挨拶を交わした程度で、突然訪ねてこられるような仲ではない。

いったい何ごとかといぶかった。

以前、店で会ったときの決して悪くない印象と、ずいぶん違って見えたことも不安に拍車をかけた。

高木さんは明らかに、どこか変だった。

夫が帰ってきていてよかったと村野さんは思ったと言う。とまどう衛さんに頼みこみ、一緒に応対してもらった。

夜の七時頃だった。

――佐久間くんに、つきあっていた彼女を取られました。

声をふるわせ、高木さんは夫妻に言った。佐久間というのは、村野さんの旧姓。佐久間くんとは、つまり彼女の実弟だ。

「私、驚いてしまって。実家経由で頼まれごとがあったりして弟を訪ねることもありましたけど、お互いそれほど深く、相手の生活に関与しているわけじゃない。正直言って、弟がどんな生活をしているかなんて分かっていませんでしたけど、まさか仲の良かった先輩とそんな関係になっているとも思いませんでした」

当時を思いだして、村野さんは言う。

弟の名前は、翔太さんとしよう。

翔太さんは勤めていたスポーツ用品店を、すでに辞めていた。

二か月ほど前のことだ。

高木さんは確信を抱いていた。自分とつきあっていた女性と交際をするようになり、翔太さんは店を辞めたのだと。

「高木さん、私たちに訥々《とつとつ》と語りながら、とうとう号泣し始めたんです。私、主人と顔を見あわせました。失礼な言い方かも知れませんけど、やっぱり精神的にちょっと危ない状態だと思いました」

高木さんが交際していたのは、勤務する店に出入りをしていた保険のセールスレディだった。

彼女には夫も子供もあったが、高木さんはその魅力に負け、あっという間にのめりこんだ。

夫とはうまく行っておらず、じきに離婚する予定だという彼女の言葉にも後押しされた。

信頼する店長からは「あの女はやめとけ」とアドバイスをされたが、聞く耳を持たなかった。

「気づけばその人の子供の送り迎えまで、高木さんがやらされているような状況になりました。もちろん子供が可愛くて、自ら進んでやっていた可能性もありますけど、いつしかお金の負担まで、ずいぶんするようになっていたそうです」

ところが、高木さんは彼女と大げんかになった。

別れてほしいと一週間前にいきなり言われた。夫との離婚はすでに成立していたのにである。

思い返せば、別離の芽は四か月ほど前からあった。

急に、彼女の態度がよそよそしくなった。そう感じられた。

変だなと思ったという。

そしてあとになって見ると、何だかその頃から、可愛がっていた翔太さんの態度にも変化が見られるようになった気がした。

疑ってはいけない――。

そう思いながらも、そんな視点に立って二人の行動を観察すると、無数の点は線になった。

やがて、翔太さんが消えた。

別れを告げる彼女に翔太さんの名前を出したときの反応で、高木さんは自分の勘が間違っていなかったことを知った。

しかし連絡を取りたくとも、翔太さんにはブロックをかけられてしまったらしく、繋がらない。

かつて暮らしていたアパートも、とっくに引き払っていた。セールスレディの彼女とも繋がらなくなった。

高木さんは村野さんと翔太さんの実家に電話をし、居合わせた祖母から村野さんの情報を聞きだした。

「私びっくりして、すぐに弟に連絡を取りました。ところが、高木さんが来ていることを伝えると、弟は電話口で私を罵倒して……」

村野さんがかけた電話に翔太さんが出たと知るや、高木さんは彼女からスマートフォンを奪いとり、翔太さんと話そうとした。

だが翔太さんはすぐに電話を切ってしまう。

村野さんがかけ直しても、無駄だった。翔太さんは速攻で、姉の電話を着信拒否にした。

高木さんは気が触れたのかと心配になるような泣き方で、悲しみと絶望を露わにした。

それら一連の彼の行動に、村野さんも衛さんも、正直、引いた。

悪いのはたしかに弟かもしれない。

でもそれにしてもと、玄関の三和土《たたき》にくずおれておいおいと泣く高木さんを、二人して持てあました。

恐怖すら覚えたという。

「でも、決してそんな思いを態度や言葉に出したつもりはありませんでした。どう考えても非は弟にあるわけですし。私と主人は高木さんに謝罪して、また連絡しますからと約束をし、帰ってもらいました」

翌日から、村野さんは約束どおり翔太さんと連絡を取ろうとした。だが翔太さんは村野さんだけでなく、実家までをもブロックしてしまった。

弟の交友関係など、知るはずもない。

翔太さんの追跡はあっという間に暗礁に乗りあげ、村野さんは電話で高木さんに謝罪した。

高木さんはずっと黙っていたという。

時折「ぅ、ぅぅ、ぅ……」とうめくような声が聞こえた。なぜだか村野さんは、ゾゾッと背筋を粟立たせた。

「それからしばらくしてからです。急に私たちのまわりで変な出来事が起きるようになったのは」

当時を思いだし、村野さんはさらに表情を曇らせた。

「ある朝起きたら、私の左目が開かなくなっていました。何の前触れもなく、突然です」

村野さんはあわてた。

なぜだか開かなくなったのに加え、涙が出っぱなしになってしまい、何もできない。

大急ぎで眼科のクリニックに飛びこんだ。

角膜を損傷していた。

洗眼をしてもらい、症状は何とか改善した。だが、どうして突然こんな事態に見舞われなければならないのか、分からない。

前兆など何もなかった。

「そうしたら、次は車のトラブルです。主人と一緒に、近くのご飯屋さんに食事をしに行こうと思ってエンジンをかけようとしたら」

かからなかった。

買ってから、まだ二年も経っていない新車。

しかも毎日のように乗っている。

これまで一度だって、そんなトラブルはなかった。

「主人は車輛整備の会社をやっているんで、そういうことに詳しい人なんですけど、あり得ないって言うんです。あり得ないも何も、現に目の前で起きてるでしょうがって言うんですけど、常識的に言ったらあり得ないらしいです」

駆けつけたプロたちが故障診断機を使って調べても、原因が分からなかった。

みなが首をかしげた。

だが翌日になると、車は何ごともなかったように動き始めた。

あり得ない――。

衛さんは何度もそう言ったという。

しかし、あり得ないことはさらに起きた。

「翌日、主人が自分の会社に行きました。会社は二階建てになっていて、一階が事務所。二階は以前、私たちの自宅だったスペースです」

衛さんは料理が得意だった。よほどのことがないかぎり、毎日従業員たちの昼食を自ら作ってふるまっている。

「その日も昼前になると、主人は二階に上がったそうです。従業員は数人なんですが、みんな、レッカーや出張などで、そのときは敷地内に誰もいない状況でした」

二階には、鉄を溶接した階段を使って上がる。

鉄なので、誰かが上ったり下りたりすると、カンカンと大きな音がした。

「二階に上がって、十秒経つか経たないかと言うぐらいのタイミングだったそうです。鉄階段のほうで、カンカンカンカンと音がしました」

おっ、誰か来た、郵便かな。

衛さんは思った。呼び鈴が鳴るのを待つともなく待ちながら、昼食の用意を始めようとした。

ところが。

「ちっとも呼び鈴が鳴らないんです。あれ、どうしたんだって思っていたら」

……カン、カン、カン、カン。

どういうわけか、足音は階下に降りていく。

衛さんは不審に思いながら玄関に駆けより、ドアを開けた。

何もない。

身を乗りだして階段の下を見たが、つい今しがた、階下に降りる音が聞こえていたのに、あたりには誰もいなかった。

妙だなと思ったが、衛さんは食事の用意に戻った。

なじみの業者が頼んでいた部品などを届けに来て、誰もいないと察すると商品だけ置いて帰ってしまうこともあった。

一度は二階にまで上がったものの、思い直して階下に移動し、そこに商品を置いた可能性も考えられる。

そう思い、目の前の作業に集中することにしたものの。

「あとで一階に下りても、何も届いていなかったそうです」

衛さんは戻ってきた社員たちに、自分が体験した奇妙な出来事について話した。

だが誰も真剣に取りあわない。

空耳だったんじゃないですかと一笑に付された。

そんなはずはない。絶対に音がした。

衛さんはむきになった。

会社の敷地内には防犯カメラが十台近く備えつけられていた。

もちろん鉄階段に向けられているカメラもある。

すぐに調べた。

何も映っていなかった。

衛さんは考えこんだ。

じっと、じっと、考えた。

ぞわり。

背筋に鳥肌が広がった。

「その日は電話だけじゃなく、家に帰ってきても『絶対におかしい。あり得ない』って真剣な顔をして言うんです。もともとそんなに口数が多い人じゃありません。そんな人が真剣な顔をして言うものだから、ああ、ほんとに起きたんだなって思って」

それから。

私が村野さんから話を聞いた日まで、幸運なことに怪異な出来事は発生しなかった。

だが村野さんは確信している。

すべては高木さんのしわざだと。そして必ずや、高木さんの生き霊は翔太さんとかつての恋人の元にも飛んでいると。

村野さんは以来二度と、高木さんと会っていない。

地下室

中部地方某県で暮らす須藤さんは、五十代前半。

「ママ友の佳弥さんが体験したことなんですけど……」

そう言って、怖い話を聞かせてくれた。

二〇二一年。

庚子年《こうきんのね》のことだという。

佳弥さんは当時、パート勤務の二年目。

ウェディングドレスをはじめとしたドレスの販売と、レンタルを手がける会社に勤めていた。

「人あたりがソフトで頭もいいし、空気の読める人なんです。常識的で仕事もバリバリこなしますから、社長さんに重宝がられて時給以上の働きをしていました」

須藤さんはそう佳弥さんをたたえる。

佳弥さんは仕事にやりがいを感じていた。

子育てで中断していた社会との接点を再び持てるようになったことを喜び、「無理もするけど、仕事自体は楽しいんだよね」と明るく言っていた。

だが。

六十代になる男性社長は、人使いの荒いことで有名だった。自分の意に沿わなければ、平気で怒鳴りつける。癇癪《かんしゃく》を起こす。

そんな人徳のなさが災いし、パート勤務の社員たちの回転はことのほか速かった。古株の人はどんどん辞め、気づけば佳弥さんが一番の古参になった。

「でも、とにかく人手が足りないと言うことで、また新しいパートさんが入ってきました。山本さんという、四十代後半の女性でした」

山本さんはシングルマザーで、細身の女性だった。

寡黙なタイプだったが性格は真面目。入ってきた当初は、自分の業務を一所懸命にこなそうとしていた。

ところが、そんな日々は長く続かなかった。

山本さんはそこで働くことをいやがるようになり「どうしてこんなところに来ちゃったんだろう」とため息交じりに愚痴るようにすらなった。

そして、そんな山本さんを社長も露骨にうとんじた。

雇用主と彼女の関係は見る見る悪化し、山本さんはあと一か月だけ働いて店を去ることになった。

しかも、山本さんと社長の不和は、なぜだか佳弥さんまで巻きこんだ。

「山本さんが来てから、佳弥さん、頻繁に体調を崩すようになったんです。出社する一時間ぐらい前になると心臓がバクバクしたり、めまいがしたり。過呼吸の症状が現れて、救急車を呼んだことまでありました」

それでも佳弥さんは、更年期かな、あるいは働きすぎで疲れているのかもしれないとしか思わなかったと言う。

一方、件の社長は、辞めることが決まっている社員には雑用しかさせない主義で、すでに退社が決まっていた山本さんは、ある日、一人で地下室の掃除と整理をやるよう命じられた。

社長からの指示だと伝えるよう言われたのは、佳弥さんだった。

「でも佳弥さん、山本さんを一人で行かせてはいけない気がしたって言うんです。佳弥さん自身、前からその地下室が何となく怖くて、いやだったらしいんですね」

地下室にはドレスを着せるためのボディやハンガーラックなどが所狭しと置かれていた。

商品をレンタルで送るときに使う梱包用の箱なども置いてあった。

一人より二人のほうが早いし、何をどこに置いたのか分からなくなっても困るからと社長を納得させ、佳弥さんは自分も一緒に作業をすることにした。

二人で、地下室に向かった。

なぜだか互いに言葉を交わすこともなく、佳弥さんと山本さんは作業をした。

予定していたより、短時間で作業は終わった。

ところが――。

「そのあと一階のお店で、山本さんと話をしたそうなんです。そうしたら山本さん、突然顔つきを変えて、あたりをはばかりながらこう言ったそうです」

――あなた、ほんとは分かってるんじゃない?

佳弥さんは山本さんを見返した。

そんな佳弥さんに、山本さんはますます小声になった。

――分かってるんでしょ、佳弥さんも。あそこに「いる」こと。

ぞわり。

真剣そのものの山本さんの表情に、佳弥さんは鳥肌を立てた。

たしかに前から、気持ちの悪いところだと感じてはいた。用事があるといつも大急ぎで仕事をすませ、猛ダッシュで離れた。

だが、佳弥さんはそういうものがはっきり見えるわけではない。

何となく、感じるだけである。

しかし山本さんは違った。

視える人だった。

「佳弥さん、何も言えなくなってしまって。山本さんを見たまま固まってしまったらしいです。そうしたら山本さん、いきなり首をすくめて……」

――あっ。あなたに教えたこと、怒ってる。アレが。

階下に視線をやりながら、小声で言ったという。

佳弥さんは薄気味悪くなりながらも、これまでぼんやりと感じていたことが、気のせいでも何でもなかったんだと分かって途方に暮れた。

彼女は山本さんとは違い、まだまだそこで働かなくてはならない。

それ以来、山本さんは自分の不思議な能力を、佳弥さんの前で隠さなくなった。

ある日のこと。

山本さんが休憩に入る時間になった。

彼女は店の真ん中――いつも佳弥さんが立っている場所を指さし、小声で言った。

――分かってるよね。ここが一番安全な場所だから。念のため結界を張っておくから、絶対ここにいて。いい？

念を押し、山本さんは休憩に入った。

佳弥さんは不安にかられながら店番を始めた。

「一人になると、沈黙の時間が耐えられなくなったそうです。今までと何か違う。何か違うって、少しずつ、不安な気持ちが増してきました」

そのときだ。

……ガシャッ。

ギョッとした。

――ガシャッ。ガシャッ。

何だこの音は。

佳弥さんは表情を引きつらせた。

音のするほうを見る。

窓など開いていないのに、ハンガーが狂ったようにぶつかりあっていた。

風でも孕《はら》んだかのようにすべてのドレスが揺れ、それらすべてが、佳弥さんを威嚇した。

「ええ。もうはっきりと、今私は威嚇されているって感じたそうです。生きた心地がしなかったって言っていました」

山本さんが帰ってくるや、佳弥さんは状況を説明した。そのときにはすでにハンガーやドレスの狂乱は終わっていた。

だが、山本さんは薄気味悪そうにこう言った。

——うん、してるね。すごく威嚇してる。出ていけ出ていけって怒ってるよ。

そして、佳弥さんを見た。

——よくも存在を教えたなって、私にも怒ってる。

店からは、近くにある神社の鳥居が見えた。

土地のパワーが強い場所だった。

山本さんはそう説明し、さらに佳弥さんに告げた。

「ここの社長はエナジーバンパイアだって言われたようです。パワーを自分だけのものにして、誰にも分け与えようとしない。お店の利益も正しい形で還元しようとしない。すべては自分の慾《よく》、慾、慾」

建ててはいけない場所に、いけない建て方をして店を作った。

その結果、地縛霊を閉じ込めた。

動けなくなった地縛霊は、社長の合わせ鏡のように、彼の慾によってどんどん大きくなり、ヘドロみたいになった。

山本さんには見えるという。真っ黒な、ドロドロのお化けが地下室でこちらを睨んでいるのが。

「悪いことは言わないから、あなたもすぐに辞めたほうがいいよって言われたそうです。いったいいなんて年なのって、佳弥さん、気味悪そうに言いました」

年干支　××
月干支　甲辰《こうぼくのたつ》
日干支　戊申《ぼどのさる》

これが、須藤さんから聞いた佳弥さんの生年月日。

なお、年干支は省略する。

ご了承願いたい。

先のエピソードでも言ったが、その年の運勢を見るときは、宿命三干支（年干支、月干支、日干支）に、十年に一度変わる「大運干支」（人によってさまざま）と、万人共通である当該年の「年運干支」を加えた「五柱法」で見る。

すると、二〇二一年の佳弥さんの運勢はこうなる。

年干支　××
月干支　甲辰
日干支　戊申
大運　己酉《きのとのとり》
年運　庚子

佳弥さんの日干支は「戊」。
つまり、山だ。
ちなみに日干支は、狭義でその人自身を表している。
注目してほしいのはこの部分だ。

年干支　××
月干支　甲**辰**
日干支　戊**申**

大運　己酉
年運　庚**子**

月支の「辰（土性）」、日支の「申（金性）」、さらには二〇二一年の年運支である「子（水性）」。

実は、この三つの十二支が揃うと「三合水局」という状態が発生する。

すると、どうなるか。

年干支　××
月干支　甲**水**
日干支　戊**水**
大運　己酉
年運　庚**水**

本来は土性である「辰」も金性である「申」も、「子」とシンクロする形で水性になり、
まさに、水、水、水の大洪水となる。

そんな、洪水と化した「三合水局」が佳弥さん自身である日干「戊」をグラグラと足もとから揺さぶる。揺さぶりまくる。

戊は山。

山に洪水が襲いかかったら、土砂崩れを起こすだろう。

つまり、この年の佳弥さんの運勢は一言で言うなら「土砂崩れを起こすような危険極まりない運勢」。

これを、脚下崩壊という。二〇二一年の佳弥さんには、こんな悪夢のような運気が襲いかかっていたのである。


須藤さんは言う。

「山本さんは、佳弥さんにこうも言ったそうです。地縛霊はものすごく怒ってはいるけれど、あの場所からは動けない。ついてくることはないから大丈夫って。私がここで働くことになったのは、あなたを助けるためだったのかもねって」

佳弥さんはその後店を辞め、体調は二か月ほどで元に戻った。

山本さんとはそれ以来、二度と会っていないと言う。

神隠し

若宮浩美さんには、前作『怪談天中殺』でもご登場いただいた。

守護神のように「天」という名の白龍がついている、四十代のセクシャルマイノリティ。

息子さんが一人いる。

白龍と初めて出逢ったのは、その子を妊娠しているときだ。

若宮さんには忘れられない体験がある。

妊娠をする二年前のこと。

これから白龍や自分の息子と運命の出逢いを果たすことになるという、予兆のような出来事があった。

ある日。

とっくに他界をしていた祖父が目の前に現れた。

祖父の右手には、青い服を着た人間の男の子。左手には、光る真っ白な男の子を連れている。

ああ、私は男の子を二人授かる運命なんだ。

若宮さんはそう思った。

そして後日、察したのが、あのとき祖父が連れてきた人間の子が、その後生まれてきた息子さん。白く光っていた子が白龍の「天」だったのではないかということだ。

私が鑑定したところ、白龍の天は間違いなく彼女の守護神だった。

詳しくは前作をお読みいただければと思うが、若宮さんの日干は「戊」、月支は「未」。調候の守護神は、第一守護神が「癸（水性）」、第二守護神が「甲（木性）」、第三守護神が「丙（火性）」になる。

ただ、若宮さんの命式には第二守護神も第三守護神もあるが、第一守護神の「水」だけがない。それさえあれば、富も名誉も手に入れられるような強運な命式なのにである。

そんな若宮さんに水の神である龍神がついている――その事実に私は興奮し、彼女から聞いたさまざまな怪異譚とともに、そのことをみなさんにご紹介した。

今回のエピソードは、彼女の祖父が連れてきたもう一人。青い服を着た男の子が主役になる。

名は、あっちゃんとしておこう。

あっちゃんは現在六歳になるが、これは一年ほど前のこと。誕生日の関係で、まだ四歳のときの話だ。

若宮さんは、あっちゃんを連れて実家に戻った。

天気もいいことだし、近くのスーパーに二人で買い物に行こうとした。

「そうしたら、家を出て少し歩いただけで『疲れた』って言うんです。甘えて、抱っこしてもらいたいみたいなんですね。でも、さすがに抱っこして歩くには、もうちょっと重たい。『だったら、家で留守番しとってくれる?』って言って、いったん実家に戻ったんです」

実家には、若宮さんの祖母と父親がいる。同じ敷地内には、結婚をした実弟も自分の家をかまえていた。

「あまり長い時間、一人にさせたことはない子供だったんですけど、父や祖母もいるし、大丈夫かなって思って。私は二人に息子を預け、今度は一人で出かけました」

めざすスーパーまでは、住宅街を歩いて十分ほど。

あっちゃんがぐずったりして祖母らに迷惑がかかってはいけないと思い、若宮さんは足早にスーパーまで出向き、買い物をすませた。

さあ、帰ろう。

店内をゆっくり見てまわることもなく、彼女はすぐに帰路に就く。

「でも、天気もいいことですし、さほど時間も変わらないはずなので、ちょっと気分転換に、来た道とは別の道で帰ろうと思ったんです」

若宮さんはそう考え、実家で暮らしていた頃は散歩道だった、懐かしい通りをぐるっと回って帰ることにした。家からスーパーまでが、縦長の長方形の長い一辺だとしたら、残り三辺を使って帰宅するイメージだ。

「大通りを右に曲がって、細い通りに入りました。私が通った小学校があるんです。私の父も祖父も通った、創立百何十年っていうような歴史のある小学校。私『ああ、懐かしいなあ』とか思って、小学校を見ながら歩いていきました」

何だか気分がよかった。

なぜだか、歩くうちにまぶしくもなってくる。

やたら光が多くなった。景色が白っぽくなり、もともと強かった日差しを、若宮さんはさらに強く感じだした。

目を細め、手びさしをする。

体育館を見た。

「うん？　って思いました。子供たちが、何かすごく、もういっぱいに集まって。みんなで私を見て、手を振ってるんですよ。ワーワー言いながら」

どうして私になんか手を振っているの？

不思議に思いながら、若宮さんは子供たちに手を振り返した。

気がつくと校舎からも、各階の教室から、大勢の子供が身を乗りだして大騒ぎしながら手を振ってくる。

彼女はそちらにも手を振り、愛想笑いを返しながら学校の前を通過した。

すると、今度は細い通りに何台もバスが停まっている。

あれ、と思った。

「だって、バスが停まれるような道幅の道路じゃないんです。こんな狭いところに、何でいっぱいバスが停まっているんだろうって。私、だんだん奇妙な感覚が強くなりだして」

相変わらず、光の多い世界だった。

白っぽいし、埃っぽい。

やがて、たくさんの子供たちが集まってきた。小学校の子供たちかと思ったが、そうではない気もする。

あちらからこちらからぞろぞろと出てきては、別れの挨拶を交わしたり、キャッキャとはしゃいだりしながら次々とバスに乗りこんでいく。

「私、『やっぱり小学校の子供たちじゃないのかなあ』なんてぼんやりと思っているんです。だって、小学生ぐらいの子もいれば、明らかに三歳か四歳ぐらいにしか見えない子もいる。バラバラなんです、年齢が。しかも」

若宮さんは眉をひそめた。

子供たちは、半ズボンを穿いている子が多い。しかも、ちょっと昔の半ズボンに思える。着ている服も、みなたしかに洋服ではあるのだが、どこか現代とずれているように感じられた。

その上——改めて見れば、バスのフォルムも現代のものとはどこか違っている。オレンジ色の屋根に、クリーム色のボディ。

どう見ても、一昔前の市バスである。

「どういうことなんだろうって思ったんですけど、とにかく息子も待っていますし、急がなくちゃって。私、バスの脇を通って先に進み、最後の角を曲がりました。その通りを行けば、もう実家です」

だが、通りを曲がると思わぬ人が立っていた。

母親だ。

ちなみに若宮さんの母親は、もうとっくに亡くなっている(前作『怪談天中殺』の「井戸」というエピソードをご参照いただきたい)。

若宮さんの母親は、ニコニコしながら立っていた。

驚いた若宮さんは声をかけようとした。

だが、かなわない。追いかけてきた子供たちに、袖を引っぱられたりして声をかけられてしまう。

痛い。

引っぱられるせいで手首をひねり、痛みが走った。

若宮さんは母親に声をかけたい。しかし、前に回りこんできた子供たちも無碍《むげ》にはできない。

困ったな。

「そう思ったら、突然、風景が変わったんです」

若宮さんは虚を突かれた。

つい今しがたまでいたはずの場所と違う風景の中にいる。

すぐにはどこだか分からなかった。

だがよく見れば、それは実家を出てスーパーへと向かった最初の道である。

「あれ、どうして、とか思っていたら、実家の方向から一台の車が近づいてきました。弟でした」

――何やってんの。

若宮さんに近づき、車の窓を開けると、弟はなじるように言った。

――あっちゃん、ずっと泣きながら探しとるよ。早く乗りなよ。

いったい何がどうなったのか、若宮さんは分からなかった。でも、うろたえながらも弟にしたがい、車に乗った。

彼女を乗せた弟は車をUターンさせ、今来た道を戻り始めた。

そして若宮さんは、弟とのやりとりを通じて知ったのだ。自分が実家を後にしてから、すでに二時間も経っていることを。

「絶対にそんなはずないんですよね。せいぜい三十分かそこら。百歩譲って、遠回りをしたことで時間がかかったとしても一時間はかからない。そういう距離感なんです。それなのに、その倍以上。しかも私は、それまでの流れとは全然違う場所で、弟と鉢合わせをしています」

実家は、ちょっとした騒ぎになっていた。

あっちゃんは号泣して手に負えなくなっていたし、祖母は祖母で、若宮さんが行方不明になったとパニックになっていた。

現在陥っている事態が皆目分からない。それでも若宮さんはみんなに平謝りをして、とにかくことをおさめたという。

見知らぬ子供たちに引っぱられたときにひねってしまった手首の痛みを、なおも生々しく感じながら……。

それから数日後の、ある夕暮れ。

若宮さんは夫と暮らす家に戻り、あっちゃんと二人きりでいた。

「ねえ、あっちゃん」

若宮さんは言った。

「おじいちゃんちでさ、ママちょっと買い物行ったじゃん。そのときさあ、帰ってくるの遅かったでしょ。あれさ、ちょっと違う世界にまぎれこんじゃったんだよね」

するとオモチャで遊びながら、

「うん」

あっちゃんはうなずいた。

若宮さんは、なおも続ける。

「スーパーに買い物に行ってさあ、そのあと、ちょっとぐるっと回って帰ろうとしたの。

ママが通ってた小学校の脇とか歩いたんだよね」

「うん」

「そしたらさ、小学校からたくさん子供たちがママに手を振ってるの。そして、その先にバスがあってさ」

「うん」

「昔のバスだよ。今は走ってない形の奴。博物館で見るような。それが三台か、もっとあってさあ、そのバスに子供たちがどんどん乗りこんでいくの」

「うん」

「みんな笑って楽しそうで、ママに手を振ってくれたり、挨拶してくれたりしてさ。角を曲がると何人かママについてきて……あ、そうそう、死んだおばあちゃんにもそこで会ったよ」

するとと、あっちゃんは言った。

「知ってる」

「………」

生まれたときから、えっと驚く不思議なことを言ったりやったりする子供だった。そのときも、さして興味もなさそうに、オモチャ遊びに興じながら返事をした。

若宮さんはあっちゃんに続ける。

「おばあちゃんがいてね。ママはおばあちゃんと話がしたいんだけど、子供たちがまつわりついてくるし、困ったなあとか思っていたら――」

「ママ」

若宮さんの話を遮り、あっちゃんは言った。

「ママさ、ずっと後ろを振り返らなかったでしょ」

「えっ？」

彼女はそのときのことを思いだそうとする。

「あ……うん。そう言えば、一度も振り返らなかったね」

若宮さんの返事を聞くと、あっちゃんはチラッとこちらを見て言った。

「その世界を歩いてるママの後ろから、大きな奴がついていきてたよ」

「えっ」

「振り返ったら、その黒い奴に連れていかれたよ」

若宮さんは驚いた。

どこまでも淡々と、四歳児らしからぬ落ちつきとともにあっちゃんは言う。

「そうなの？　でも、白くて気持ちいい世界だったよ」

「紙一重だよ」

紙一重。

四歳児らしからぬ言葉づかい。だがそれは、今に始まった話ではない。

「そ、そうなんだ？　よかった、おばあちゃんが向かい側にいて……あっ」

ハッとなった。

「だからおばあちゃん、ママの向かい側にいてくれたのかな」

再びオモチャに興じていたあっちゃんは、もう一度若宮さんを見てこう言った。

「決まってんじゃん、そんなの」

実は、あっちゃんもまた興味深い命式の持ち主だ。

先ほど私は、若宮さんにとっての貴重な守護神は「水性」、水の神である龍神こそは、まさに彼女の守護神だと言った。

ところが。

年干支　丙申《へいかのえさる》
月干支　壬辰

日干支　癸亥《きすいのい》

これがあっちゃんの命式。

あっちゃん自身は、日干「癸（水性）」。

これは若宮さんが喉から手が出るほどほしい第一守護神だ。つまり、あっちゃんも若宮さんの守護神となる人物なのである。

しかも、それだけではない。

年支の「申（金性）」と月支「辰（土性）」は、ふたつがくっつくとどちらも「水性」に変化する。

すると命式は、五行（木火土金水）に直せば――

年干支　火**水**
月干支　**水水**
日干支　**水水**

何と年干の「丙」以外、すべてが水性になるのだ。

水。

水、水、水、水。

こういう命式を「水性一気格一点破格」と言う。完全格の「水性一気格」に準じる、とても強運な命式だ。

知能はかなり高くなるだろう。

若宮さんは白龍天だけでなく、その可愛い一粒種もまた、水性の命式で武装して自分の助けになってくれる男の子だったのである。

妊娠をする二年前。

とっくに鬼籍に入っていた祖父が、若宮さんの前に現れた。

右手には、青い服を着た人間の男の子。

左手には、光る真っ白な男の子。

その日、亡き祖父は。

可愛い孫の人生に足りていない、守護神たちを連れてきたのだ。

最上階の部屋

その人は、梨紗さんとしておこう。

今から十七年ほど前だそうだ。

当時、梨紗さんは二十代半ば。ＳＭクラブの女王様をしていた。

あるとき、梨紗さんは初めての客の指名を受けた。十五歳ぐらいは年上に見えたという。

名前は、加藤さんとする。男性客である。

「ＳＭクラブなんで、いわゆる女性が服を脱いでっていうのはなくて。もうずいぶん昔の話ですし、本人も特定できないだろうから話しますけど、加藤さんが女装というか、うん、女の人になるんですよ。で、女王様の私は、アダルトグッズと言いますかね、オモチャの男性器とか、そういうのを使ったりして加藤さんを責めるんです。いろいろと我慢させるっていうか、そういうことが好きでしたね、加藤さんはね」

梨紗さんは加藤さんと懇意になった。

長いつきあいが始まった。

一月に二回ぐらいは、必ず訪ねてきたようだ。

そんな風に月日を重ね、つきあいが深まれば、プライベートな話をするようになるのは自然な流れである。

「やがて、加藤さんが不動産業をやっていることを知りました。自分で会社を経営してるって言ってましたね」

一度見合いで結婚をしたが、すでに妻とは離婚をしていた。

仕事は鬼のように厳しく、部下たちからは相当怖がられているようだったし、そう聞いた梨紗さんも「まあ、そうだろうな」と感じられた。

だが月に二回、梨紗さんの前でだけ、加藤さんは女になった。

「まあ、業界では『あるある』なんですけどね。仕事のできる人がＳＭクラブでマゾの本性を出すっていうのは」

加藤さんは事業に成功し、当時、金には不自由していなかった。

ＳＭクラブは決して安くない。

一回遊ぶと五万から十万円ぐらいはかかる店だったが、羽振りのよかった加藤さんには物の数ではなかった。

――不動産やってるとさ、もしかして不思議な話とかいっぱいあるんじゃない？

あるとき、話の流れで、梨紗さんは加藤さんに聞いた。

「あるよ、いっぱいって言ってましたね。薄気味悪そうな顔をして」

これはそんな風にして、加藤さんが梨紗さんに話した怪異譚。

東北某県の街にある八階建てのマンションだという。加藤さんは販売用に、最上階の一部屋を購入した。

破格の値段だった。

見晴らしもよいし、駅からも近い絶好のロケーション。それなのに、どうしてそんなに破格だったかと言うと――。

「そのマンション、誰でも入っていける作りだったんですって。住民じゃなくても入っていける。で、そのマンションの、加藤さんが買った部屋の前で、飛び降り自殺があったらしいんですよ」

しかも三回も。

と、梨紗さんは言った。

三回の飛び降り自殺は、すべてよそから来た人によるものだった。まったく関係のない人が、わざわざそこまでやってきて飛び降りている。

「でも、別に部屋で死んでるわけじゃないし、瑕疵物件じゃないんですって。だけど不気味ですよね。自分が借りた部屋の玄関の前で三人も飛び降りて死んでいるなんてなったら、やっぱりいやじゃないですか？」

梨紗さんはそう苦笑し、何とも言えない顔つきで首をすくめた。

空き地

もう一本、かつてSM女王をしていたことがあるという梨紗さん。

これまた不動産業を営む加藤さんから聞いた話だという。

「ある市の駅前に空き地があると。それをまた破格の値段で買えそうだと喜んでいたんですね」

これはいい買い物になると、加藤さんは小躍りした。

大化けする土地になりそうな確信があった。

ところが。

「何か、その土地を購入しようと思いたってから、どうも体調が悪いんだよねって言うんですよ」

当時を思いだして梨紗さんは言う。

加藤さんは自宅近くの病院に行った。だがそこでは埒が明かず、もっと大きな病院で見てもらうことになった。

そして、次に梨紗さんが加藤さんと会うと、彼は別人のように痩せこけていた。

「癌だって言われたらしいんです。鼻にできた癌。鼻の奥というか、両目と鼻の間ぐらいのところに癌ができちゃって、鼻血が止まらないって言うんですね」

記憶は定かではないものの、たしか当時、日本で十人いるかいないかというほどレアな癌だったと言う。

症例は少なく、発見されてから全員が、五年以内に亡くなっていた。

「本当にね、鼻水と鼻血、あと膿みたいなものが、ひっきりなしに鼻から出て、苦しそうでね。それもちょっと可哀想でしたね、見ていて。そんな病気だから、俺もそう長くは生きられそうもないかななんて言ったりもするから、それもつらくて」

そんな話の流れで、また駅前の空き地の話になった。

買いたいのは山々だが、病気にもなってしまったし、買おうか買うまいか迷っていると加藤さんは言う。

その土地を売るためには、空き地に生えている古木を切らなくてはいけなかった。

だが面倒だったり、金がかかるというような理由で、加藤さんは悩んでいた。

「どっちがいいんだろうね、なんて加藤さんと話をしながらお茶を飲んでいました。そうしたら、なんでか突然、ふっと情景が浮かんだんですよね、頭の中に」

梨紗さんはそのときを思いだして私に言った。

彼女の脳裏に浮かんだ、ひとつのイメージ。空き地に生える一本の古木の下に、古い祠があった。

——ねえ、加藤さん。その木の下に祠か何かない？

梨紗さんは聞いた。すると加藤さんは、

——あるよ。え、何で分かったの。

薄気味悪そうに梨紗さんに問うた。

それまでも、梨紗さんの奇妙な能力を何度かまのあたりにしていたが、それでもやはり驚いた。

「私、その土地は買わないほうがいいし、木も切らないほうがいいと思うって言ったんです。どうしてだか胸騒ぎがして。それで結局、私のアドバイスが決め手になったかどうかは分からないんですけど、加藤さん、その土地から手を引いたんです」

すると。

それからしばらく後。

加藤さんの病気の進行が止まった。

病院で定期検査を受けた加藤さんから、驚きと喜び混じりの連絡を、梨紗さんはもらった。

梨紗さんも一緒になって、奇跡のような不思議を喜んだ。

「でもいつごろからか、連絡の頻度が減ってきてしまって。そのうちまったく連絡が来ないようになっちゃったんです」

梨紗さんはそう言った。遠い目つきになった。

彼女には、ひとつだけ決めていることがあった。

こちらからは決して連絡をしない。相手からの連絡がなくなれば、それで関係は終わりである。

「結局、いつしか連絡は途絶えました。基本的に女王様とお客の関係ですからね。よくある話と言ってしまえばそれまで。でも、発見されてから五年以内に全員が亡くなっている病気っていうのが、やっぱりちょっと気になって」

彼女は気づいていた。

加藤さんの自分への好意に。

分かっていながら、気づかないふりをしてやり過ごした。たくさんの時間を、時には女王と客という関係ではない形で過ごしながらも。

梨紗さんは、自分に課した禁を犯した。

一度だけ、加藤さんにメールをした。

だが、返事はなかった。

「何だろうなあ」

梨紗さんは言う。

「私もちょっとね、その、すごく彼の思いをね。もっと、何だろう。うん、もっと、もっともっと大事にしておけばよかったかなってね。会えなくなって今頃ね。ちょっと後悔してるんですけどね」

そう言ってうなだれる梨紗さんから、私はそっと目をそらした。

加藤さんが買おうとした空き地に、今も木は生えているだろうか。

今も変わらず、古い祠はあるだろうか。

それとももしかして。

もう、とっくに誰かが。

西の端、5の列の部屋

中野さんは、五十代半ば。

不動産会社の社長をしている。

その方針は少数精鋭主義。

数人の社員とともに、不動産仲介、賃貸仲介、アパート管理、リフォームなどの仕事を忙しくこなしている。

会社を興したのは、関西地方某県のある都市だ。

縁あって働くようになったその街で独立し、そろそろ二十年になる。

「どういうわけか、事故が起きる物件っていうのはやっぱりあるんですよね」

中野さんはそう言って苦笑した。

彼の会社で管理をするその賃貸アパートも、そんな物件のひとつだった。

今から五年ほど前の話だそうだ。

アパートは、一フロアに四部屋の三階建て。築十五年ほどになる物件で、全十二戸はすべて南向きだった。

階段は東側。

部屋番号は、一番東側が101、201、301。

そして一階を例に取れば、そこから西の奥に向かって、101、102、103、105と続き、104は存在しない。

もちろん、204も304も。

「田舎ですからね。4抜き、9抜きというのはいまだにあります。縁起を担いでね」

中野さんは私に、そう説明した。

そのアパートは、ずっとオーナー泣かせだった。

とにかく人が定着しない。

しかもなぜだか、105、205、305。

西の端の、5の列の部屋だけが。

「どういうことなのかさっぱり分からなくて。でも、とにかく入居の入れ替えが激しい。長く住んでくれる人が現れないんですよ。あるいは、ようやく定着したかなって思っていたら、今度はいきなり滞納が始まったりして。最終的には、滞納したままどこかに逃げちゃったりとか」

アパートのオーナーも管理を任されている中野さんも、西の端の部屋を見あげ、二人して首をかしげることが続いた。

こんなこともあった。

なかなか入居者が現れず、ある部屋が長いこと空き部屋になった。中野さんは部屋を掃除するため、久しぶりに部屋のドアを開けた。

眉をひそめた。

カーテンなどかかっていないのに、なぜだか真っ暗だ。

目を凝らした。

悲鳴をあげた。

部屋中にビッシリと、無数のテントウ虫が貼りついている。

窓にも壁にも天井にも、床にも。

「温室効果だと思うんですけど、テントウ虫が大繁殖していたんです。もうね、鳥肌立ちましたよ。想像しただけでゾッとしませんか。赤地に黒い斑点を持った虫が、部屋の窓や壁、天井に隙間もないほどいるんですよ」

たしかにそれは、あまりお目にかかりたくない光景だ。

中野さんは一人、掃除機を使ってテントウ虫を延々と吸い続けた。

……ぽたり、ぽたり。

天井から落下し、首から下着に飛びこんで背中を転がる何匹ものテントウ虫に「ひぃぃ。ひぃぃ」と奇声をあげながら。

「まいりますよね。そうしたら、それからしばらくして、今度は隣の区画から木が倒れてきて。アパートの壁に穴が空いたんです。しかも」

被害を受けたのは、西側の壁だったという。

さらにだめ押しとなったのは、一階と二階の間に生じた設備不良だ。二階から水漏れが起き、一階の居住者の寝具などをだめにした。

保険事故になった。

その上、当の二階の住人が夜逃げをしてしまい、またも一悶着。

――これはもう、お祓いをするしかないですね。

中野さんはオーナーに言った。

オーナーは無神論者だ。その上、提案をしている中野さん自身も、決して信心深いほうではない。

だが珍しく、オーナーは「やる」と乗ってきた。

「きっと自分でも、さすがにいやなものがあったんでしょう」

こうして中野さんの提案で、アパートはお祓いを受けることになった。

相談を持ちかけたのは、懇意にしている宮司である。当時でも、すでに十年以上の交流があった。

習わしからすれば、氏子であるオーナーが氏神神社に頼むのが基本だろう。だが何しろ、オーナーはそうしたことに積極的ではない。

あんたの知っているところでいいと言われ、中野さんは信頼している宮司を頼った。

「オーナーを施主にして、お祓いをしてもらいました。問題の部屋のひとつをメインに、建物のまわりとかもしっかりと清めてもらいましたよ」

すると。

不思議なことに、入居者の出入りが落ちついた。

嘘のようにとはこのことだ。それ以来今日まで、大きなトラブルは一件も起きていないという。

「何しろ私も、どちらかと言えば不信心者ですからね。気休めで『お祓いしたほうがいいですよ』っていう程度だったんですけど、まあ実際問題、信じざるを得ませんよね、効果があったんだって」

中野さんは不気味そうに口もとをゆがめた。

ちなみに。

お祓いに来たとき、宮司が口にした一言を、今でも中野さんは忘れていない。

――そりゃそうだよ。だってここ、霊道だもん。そこを塞いじゃってるんだから。

霊道。

霊の通り道。

浮遊霊、不浄霊など、さまざまな霊がそこを行きかう。

アパートの西側にあったのは、大きな古刹《こさつ》だった。

倒れてきたのは、境内を取り囲む杉の一本。アパートからは、どの部屋からでも境内の墓地が見渡せた。

入居者の出入りが激しかったのは、墓地に一番近い列の部屋だった。

「この仕事をしていると、いやでも神様とか霊とか、誰でも真剣に考えざるを得なくなるんじゃないですか」

中野さんは自虐的に、私に笑った。

呪われた一族

覚えていろ。

末代まで呪ってやる――。

「ドラマみたいなセリフですよね。でもそんな怖いことを、母方のご先祖様が実際に言われたらしいんです」

天城さんの話は、そんなドキッとする言葉から始まった。

五十代の女性。

彼女の母方、姓は徳山家とでもしておこう。

「徳山家は昔の人曰く『世が世なら御殿の上段の間に座っているような身分の一族』だったそうで、お年を召した方からは、私の祖父母や母あたりは『徳山様』と呼ばれていました」

そんな由緒正しい、高貴な家柄。

天城さんの小さな時分には、市役所に何代か前の先祖たちの写真が飾ってあった。墓地には「お姫様のお墓」と呼ばれる、昔ながらの石積みされただけの墓もある。

押しも押されもしない地元の名士。

だが家では古くから「一族には末代までの呪いがかけられている」という口伝えが、まことしやかに伝承されてきた。

「どうして呪われたのか、ですか？　何しろ口伝ですからね。詳しいことは分かりません。でも小さい頃から言われていたのは、ご先祖様があまりに人を殺《あや》めすぎたため、徳山家に怨みを持つ怨霊に宣告されたそうなんです」

残念ながら、これ以上の詳細は天城さんにもよく分からない。

しかしとにかく、武士だったらしい徳山家の先祖は仕えていた主君のためにか、活躍をしたその時代に多くの人命を奪ったようだ。

そして末代まで続く名誉とひきかえに怨みを買った。

それが、呪いの始まりだ。

「なんだ、よくある話じゃない、ですめばいいんですけど、たしかに徳山家には『これってもしかして、例の呪い？』としか思えないような事件や出来事が少なくなくて。過去にもいろいろとあったらしいんですけど、現代になっても不気味なことがあれもこれもと起こりました」

天城さんはそう言って、覚えていることを話してくれた。

ちなみに、彼女の母方の実家は分家だが、近くには本家も存在している。ところがなぜだか、本家には禍らしい禍が起こらない。

呪いは分家である母方の家に降りかかった。

「まず最初に、本来なら跡取りだったはずの母の弟が事故で早世しました。二十歳という若さでした。母は、母、弟、妹の三人きょうだいなんですけど、実は母方の実家って男子が育たなかったり、早死にだったりする家系なんです」

二十歳で夭折《ようせつ》したという叔父は、当時実家から離れた都会で暮らしていたが、交通事故で亡くなった。

天城さんが生まれて、まだ一年も経たない頃である。

「また、私の祖母は還暦を迎えるちょっと前に突然脳の病気になり、それからわずか三か月でこの世を去りました。あまりのことに、みんながどうしてなのかと悲しみに暮れる中、近所にいる拝み屋さんが、わざわざご神託を伝えにやってきてひと騒動起きたこともあります」

そのとき、拝み屋はこう言った。

――鎮守の森を伐採したせいで、神様の祟りにあったのです。

たしかに母方の実家は、拝み屋が指摘する神社の近くに居をかまえていた。

だが徳山家のみんなは、地区で決めた伐採なのにどうしてうちだけがこんな目にと納得ができなかった。

そして、祖母が亡くなってから十年後。

今度は祖父が、足を骨折して入院したその日の夜中、いきなり危篤に陥った。山に筍を掘りにみんなで出かけた際、木につまずいて転んだことが原因だった。

「今に至るも、そのとき祖父がどうして危篤になったのか、原因が分かっていないんです」

天城さんは言う。

「炭鉱で働いていたので、もともと塵肺《じんぱい》を患ってはいたんですけど、入院したときはそもそも骨折が理由ですしね。当たりまえですけど意識はしっかりしていたので、私たちも、じゃあまた明日ねなんて、まさかそれが最後になるだなんて思いもしないで帰りました。でもその夜中に」

祖父は危篤になった。

それから息を引き取るまで、意識が戻ることは二度となかったという。

骨折だったのに、である。

天城さんの祖父は、それまでもいろいろと災厄に見舞われた人生だった。

若い頃は近所に住んでいた女性の怨みを買い、白装束を着て蝋燭を灯したその女性に丑三つ時、藁人形で呪いをかけられた。

五寸釘で、祖父の名前の書かれた藁人形を木に打ち付けていた場所は、例の鎮守の森だったそうだ。

このときも一悶着あった。

その後、戦争でビルマ（現ミャンマー）に出征した際には、戦地で火だるまになったこともある。

「それと、母の妹である叔母は離婚して実家に戻ったんですけど、この家にいては息子は長生きできないって例の拝み屋さんに言われて、あわてて家を出たこともありましたね。離婚してから名字を元に戻さなかったことも関係したのか、幸い今も、親子どちらも無事に生き延びています」

天城さんはそう言って、深く静かなため息をついた。

「そんな呪われた一族ですけど、現在は私の妹が跡継ぎになっています。ただ、妹の代でこの家も終わるんです。独身ですからね。一度も結婚しませんでした。末代までの呪い……少なくとも分家に関しては、長い時を経てようやく成就するのかもしれません」

話を聞き、私は何とも言いようのない不気味な気持ちに襲われた。

だが一点だけ疑問も残る。

どうして本家のほうは無傷で、分家だけいろいろと禍《わざわい》に見舞われなければならなかったのだろう。

私はそのことを天城さんに話した。すると彼女は、しばらく考えこんでから思いだしたように言った。

「関係ないかも知れませんけど、そう言えば本家のほうには、生まれたときから足に障害を持っている男の子がいます。両親が霊験あらたかな全国の神社仏閣をめぐったものの結局何も解決せず、今現在も重度な障害を抱えて生きています。もう何年も会っていませんけど」

なるほど。

私はようやく合点がいった。

本家には「福子《ふくご》」がいたのである。

福子は、名家や富裕な家に突如として生まれることが多い。一言で言うなら、家系のひずみを修正するためにこの世に生まれてくる人を言う。

とても尊い存在だ。

たとえば障害を抱えた人は、先祖の因縁を浄化するためにこの世に生を受けることもある。

それが算命学の考え方だ。

先祖の過去の因縁や問題は、すべて子孫に降りかかる。

そして家系の因縁や業といったものを浄化するため、福子として子孫がこの世に現れる。

こういう人が誕生したら、家族はその人を大事にしなければならない。文字どおり、福を呼びこんでくれるかけがえのない存在なのである。

逆にこういう存在をないがしろにする人や家族は、天の報いを受ける。

福子への愛や崇敬の念を抜きにしてどんなにがんばったところで、運勢の上昇は期待できない。

もしかして、本家のほうで大きな禍が起こらないのは、障害を持つこの男の子を、ことのほかたいせつにしているからかもしれない。

「ああ、何となく理解できます」

私の説明に、天城さんはそう反応した。

「たしかにその子が、すべての因縁をかぶってくれているのかもしれませんね。家族からはとっても大事にされていますから。そうですか、福子……」

もちろん、これはあくまでも仮説に過ぎない。

しかし天城さんの話を聞いた私は、改めて福子について考えさせられた。

天城さんたち子孫の戦いは、今日も変わらず続いている。

墓地とカーナビ

いろいろな人に怖い話を聞いている。

だが、娘さんとそのお母さん。双方から同じ怪異について話を聞くことも珍しい。

以下の話は、二人から別々に聞いた話をまとめたものである。

娘さんの名は千晴さん。

三十代の既婚女性。

お母さんは佳子さんという。

「私が大学三年生の、九月初めのことだったと思います。午後二時頃だった記憶があるんですが、私と母と祖母で、八年前に亡くなった祖父のお墓参りに行きました」

千晴さんはそう言って、当時を思いだしてくれた。

東北地方のある街。

××霊園という大きな霊園で、霊園内にも車道が走っている。

何度も行ったことのある場所だが、そんな千晴さんでも霊園の全体像はよく分かっていない。

それぐらい大きな墓地だという。

「市の郊外の山にある霊園で、山全体がお墓なんです。桜並木が山の入り口にあって、春はとても綺麗ですけど、やっぱりお墓の手前なので、お花見とかはちょっと怖いかもしれないですね」

桜並木のあちこちには墓の石材屋があった。

桜並木を過ぎると霊園の入り口で、そこから車で五分も乗ると、ようやく彼女の祖父の墓に到着する。

「祖父のお墓がある場所は、何しろ山ですから坂になっています。それと、お墓も区画ごとに種類が違うんですが、実家のお墓はその区画の一番下の列。お墓の前は道路になっています」

三人は墓の掃除とお参りを終えた。

あたりには彼女たち以外、墓参りをしている者はいなかったという。

千晴さんたちは駐車場に戻り、車に乗って帰ろうとした。

「そうしたら、私が『あるもの』を目に留めてしまったんです」

そう語るのは、母親の佳子さんだ。

「車を方向転換させるために、ロータリーに入りました。車を運転しながらふと見あげると、その『あるもの』がはっきりと見えます。車の運転席からだと、四メートルぐらい上の位置だったはずです」

佳子さんは「それ」に気づきながらも口に出せず、霊園の出口まで車を走らせた。

だが、このまま帰ってもいいのかなという気持ちになり、車に乗っている二人にそのことについて聞いた。

「『え、気づかなかったよ、そんなの』ってことになったんです」

娘の千晴さんは、そう話を引き継ぐ。

「母は夢中になって話すんですが、到底信じられません。そこで、わざわざもう一度引き返して、確認することにしたんです」

三人は車で、祖父の墓のある場所まで戻った。

そうしたら。

「私、もう『ええっ』って目を釘付けにしてしまって。母が言った通りなんです。祖父のお墓から三列くらい上にある墓石の前で、巨大な火柱が立っていました」

そう。

たしかに火は燃えていた。

轟々《ごうごう》と。

それは、火柱以外の何物でもない。

そんな馬鹿なと千晴さんは思った。だって自分たち家族以外、あたりには誰もいなかったではないか。

それなのに。

「墓石と同じくらいのサイズ……そうですね、二メートルぐらいかな。それぐらいの真っ赤な火柱がたしかに立っているんです。とっさに、送り火とか迎え火のようなものかなとも思ったんですけど、そもそもお盆でもないし、やっぱりそのお墓のそばには誰もいませんし」

千晴さんはフリーズしたまま火柱を見あげた。

佳子さんは「ね、嘘じゃないでしょ」と興奮気味に同意を求めた。千晴さんだけでなく、祖母もたしかに同じものを見た。

炎は、かなり明るいオレンジ。

赤や青ではなく、ひたすら明るいオレンジ色である。

妙だな。

千晴さんは思った。とても風が強い日だった。周囲の木々が揺れ、どの木も一様にたわんでいる。

「それなのに、その火はまっすぐ上に伸びていて、全然左右に揺れないんです。物理法則を無視したような炎で、えっ、どうして、どういうことって、ますますわけが分からなくなって」

不思議だったのはそれだけではない。

炎は、墓石と同じ長方形に見えた。

二メートルもある炎なら下にいくほど太くなるのがふつうではないか。にもかかわらず、三人が見あげるその炎は、上から下までまったく同じ太さである。

「母は、この世のものではないと思ったそうです」

千晴さんはそう、当時を回顧した。

「たしかにそうでしたね」

佳子さんが話を引き取る。

「火力の強さとでも言うんですかね。尋常ではないすごさが遠くからでも窺い知れ、瞬間的にこの世のものではないって感じました。それ以上関わってはいけないようにも思ったかな」

現実にはあり得ないはずのものを、祖母、母、娘の三人は、たしかにそこに見た。

だが結局、自分たちの本能にしたがう。

それ以上詮索することはやめにして、そそくさとその場を離れたという。

「火柱が出ていた場所は、ある墓石の前でした」

取材の最後に、娘の千晴さんは言った。

「多分、自分たちが見ているのは、そのお墓と関係のある何かだろうなって、そのとき思った記憶があります。うん、きっとそうだったんじゃないかなって、今でも思いますね」

そして、もしももっと霊感の強い人が見たら、と千晴さんは言った。

「火柱なんかじゃなく、人が立っているのが見えたかもしれないです。何となく私、そんな気がしてならないんです」


ちなみに。

最初にこの話を聞かせてくれたのは千晴さんだった。

でも自分だけでは記憶が曖昧でと言う彼女は、母にも聞いてみますと言って、自ら佳子さんに電話をかけ、事実関係を確認しようとしてくれた（そして後日、私は改めて佳子さんに取材をすることとなった）。

千晴さんが電話で問い合わせたとき、佳子さんは夫（千晴さんの父親）の運転する車に乗っていた。

だが母と娘で、久しぶりにこの火柱の話をしたところ。

突然、カーナビが狂った。

どういうわけか、いきなり意味不明な数字の羅列を、三十秒近くにもわたって無機質な声で読みあげた。

そんなエラーはもちろん初めてだ。

千晴さんも佳子さんも、気味が悪くてしかたがなかったと言う。

カレンダー

月野さんには第一作『算命学怪談』以来、特異な体験を聞かせてもらってきた。

幼い頃から奇妙な出来事と遭遇してきた、不思議な能力を持つ女性。

詳しくは前二作をお読みいただきたいが、彼女の霊的異能は血筋によるところが大きいようだ。

母。祖母。伯母。

母方の血脈に連なる女性たちは、奇怪な力を当たりまえのように持っていた。そんな彼女から、今回は実母と伯母について話を聞いた。

まずは母親の思い出からご紹介しよう。

年干支　丁亥《ていかのい》
月干支　辛亥《しんきんのい》

日干支　癸丑《きすいのうし》

これが月野さんの実母の宿命三干支。

年干支（「丁亥」）と月干支（「辛亥」）が異常干支である。

母親の名は、仁美さんとしておこう。

月野さんの下の名前は、里美さんとする。

「今でも覚えているのは『ああ、もういやだ。重たい重たい。どうしよう……そっか。里美に頼もう』って、一人でブツブツ言っている母の姿です。子供だった私は一人でお絵描きとかして遊んでるんですけど、母はつらそうに肩を押さえて顔をしかめているんですね」

月野さんは、どうしたんだろうと思いながらつらそうにしている母を見た。

すると仁美さんは、

——里美。〇〇の叔母さん、分かる？　今、〇〇の叔母さんが来ていてさ。悪いんだけど、お母さんの肩、三回叩いてくれない？

困ったように笑いながら、月野さんに頼んだ。

「はあ？　何を言ってるんだこの人はって思ったことをよく覚えています。だってその頃にはもう、〇〇の叔母はとっくに亡くなっていましたから」

変なことを言う人だなと思いながら、月野さんは頼まれた通りにした。

仁美さんは安堵したように「ああそう。そうそう」と目を閉じて、苦笑いをしていたと言う。

「早くに亡くなってしまいましたから、母とは十二年ぐらいしか思い出がないんです。最後はずっと入退院を繰り返していたんで、一緒に生活できたのは七歳とか八歳とか、それぐらいまででしたね」

だから実のところ、仁美さんとの思い出はさほど多いわけではない。その上記憶に残っているのは、実母の不思議な能力に関することばかりのようだ。

「たしか、私が小学一年生ぐらいのときだったと思います。父親が酒屋さんにお酒を買いに行って、カレンダーをもらってきたんです」

酒好きの父親はその店の上顧客だった。

年の瀬が近づいてきた季節。店主は「来年もよろしくお願いします」と、月野さんの父親にカレンダーを渡した。

「ひと月に一枚。全部で十二枚の写真があったんですけど、ほとんどは風景写真でした。でもどういうわけか、何枚かは女性のヌードだったんです」

——里美がいるのにこんなもん飾れないわ。

夫と話をしながらカレンダーをめくった仁美さんは、ほがらかに笑いながら言った。

ところが、何枚かパラパラとめくっているうちに、顔つきが変わった。

「私、何ごとかと思いながら母の様子を見ていました。だっていきなり表情が変わって、油性ペンを取りだしたんです」

何をするつもりかと、月野さんは見守った。

すると仁美さんはカレンダー一枚ごとに、いくつも丸をつけ始めた。そんな妻を、怪訝そうに月野さんの父親も見つめた。

「全部の月に丸をつけ終わったら、ヒソヒソと父親と話をして、カレンダーをしまっちゃったんです。たしか、戸棚の隅のほうだったと思います」

両親は何ごともなかったかのように、ふつうに会話を始めた。しかし月野さんは、戸棚にしまわれたカレンダーが気になってしかたがない。

「何しろ子供でしたし、好奇心満々ですよね。何なの、何なのって、もう他のことが手につかなくなっちゃって。それで結局」

両親の目を盗み、こっそりとカレンダーを見た。

ドキドキしながら表紙をめくり、一月を見る。

美しい風景写真だった。

だが、丸のつけられた部分を見た月野さんは、ギョッとした。

人の顔。

こちらにも。

こちらにも。

丸のつけられた部分には、まるで心霊写真のように不気味な人の顔が写っている。

「え、何なのこれってびっくりしてしまって。そのページには、たしか三つか四つの不気味な顔が写っていました」

月野さんは自分の顔がこわばるのを感じながら、カレンダーをめくった。

二月の写真は風景から一点、健康的な女性がヌードでポーズを決めている。

丸の数は。

十個にも及んだ。

笑顔の女性の背後に、仁美さんのつけた丸、丸、丸。

それらひとつひとつの中から、虚ろな顔でこちらを見つめる不気味な顔、顔、顔。

「風景写真のページは丸が少ないんですけど、ヌードになるとすさまじい数の丸になって。どうしてそのカレンダー、そんなことになっちゃってるのかなんて分かるはずもありませんでしたし、父親には見えていないようでしたから、我が家では母と私にしか分からない代物ではあったんですけど」
何なの、この不気味な人たち――。
気持ち悪くなった月野さんは、カレンダーを元の場所に戻した。
それからしばらくは、戸棚に近づくことさえためらうようになったと言う。

足首

もう一本、月野さん。

彼女は十二歳で母の仁美さんを亡くしている。そんな年ごろで母親を失った悲しみの深さは想像にあまりある。

「母が亡くなってから四十九日まで、家に遺骨を置いていました。その間は別の県で暮らすおばあちゃんも一緒にいてくれたので、私は父とおばあちゃんと、三人で生活をしました」

実の母親を失ったとてつもない喪失感を、当時の月野さんは大好きだった祖母と暮らすことで、ほんの少しでもまぎらわせることができた。

そんなある朝のことである。

――いやあ。昨日さ。

父親が言った。

――母さん来たわ。

寝ぼけ眼の父親は髪を乱したまま言った。亡き妻の遺骨を祀る後飾り祭壇のある部屋で、一人で寝起きしていた。

「え、どういうことって、当然なるじゃないですか。身を乗りだして聞くと、父親は薄気味悪そうに口もとをゆがめてこんな話をしたんです」

それは、夜中のことだった。

後飾り祭壇の脇に布団を敷いて、父親は寝ていた。

すると――。

「いきなり、すごい勢いで足を引っぱられたって言うんです。父はうわあと悲鳴をあげ、思わず敷布にしがみついたそうです」

部屋は真っ暗だった。

豆球ひとつついていない。

足をつかんだ正体不明のそれは、なおも強い力で彼を引っぱった。

ズリッ。

うわっ。

ズリズリッ。

うわ。うわ、うわあ。

父親は敷布の上を滑って、下方にずれた。

──お父さん。

そして聞いた。

自分を呼ぶ声を。

ギョッとした。

顔をあげ、足のほうを見る。

そこには……ついこの間まで妻だった人が、虚ろな顔で自分の足をつかんでいた。

──お父さん。

その人は言った。

──一緒に来て。私と一緒に。

そう言って、なおも夫を引っぱった。

ズリッ。ズリズリッ。

うわあ。うわあああ。

「強い力で引っぱられて、パジャマや下着がめくれ返ったと言っていました。このままでは、ほんとに連れていかれてしまうと思ったそうです」

ちなみに父親に、月野さんや実母、祖母、伯母のような霊感はない。にもかかわらず、その夜の体験はすさまじくリアルだった。

「俺はまだ行けないって、母に言ったそうです。里美はまだ小学生じゃないか。一人で置いていけるわけないだろうって」

父親は妻にそう言い、あらん限りの力をふりしぼった。つかまれていないもう一本の足を振り、思いきり妻を蹴飛ばした。

「いやあ、ほんとにまいったよって、苦笑いしながら靴下を履こうとしたんですよね、うちの父」

――ちょっと待って。

月野さんは、そんな父をあわてて制した。父親はギクッとしたように動きを止めて娘を見た。

「私、父のところに駆けよってパジャマのズボンをめくりあげました。そうしたら」

父が息を飲んだ。

一緒にその場にいた祖母も。

父親の足首に痣があった。

それはもう、くっきりと。どう見ても痣は、十本の指が食いこんで残したものにしか見えなかった。

「里美はまだ小学生。一人で置いていけるわけないだろうとか言うと、いかにもいい話に聞こえるじゃないですか。だけどうちの父、それからしばらくして早くも外に女を作り、中学生になったかならないかぐらいの子供を平気でネグレクトしましたからね」

月野さんはそう苦笑いをして、当時を回想する。

この本は実話怪談なので詳しくは書かない。だが、このあとの月野さんの人生は、私たちの想像を絶するサバイバルモードに突入する。

父親の愛人に刃物で刺され、殺されかけたことすらあった。

月野さんの父親は、娘の父である前に一人の男であることを隠そうともしない人だった。

そしてそんな父親の存在は、今に至るまで月野さんを苦しめ続けることになる。

夫の足を引っぱって連れていこうとした仁美さんも、そうした未来を確信し、娘を案じたのだったか。

「実は母だけでなく、おばあちゃんも母が死んだら、私を自分のもう一人の娘、つまり私の伯母の養女にしたほうがいいかもしれないって真剣に考えていたみたいですからね」

父の足首に思いがけない痣を見つけた月野さんは、驚きを共有したくて祖母の顔を見た。

すると祖母は困ったように、曖昧な笑みで応えたという。

下りてきた者

月野さんの今回最後のエピソードは、彼女の伯母の思い出だ。

「この人も不思議な人なんですよね。二〇一六年の十一月に癌で亡くなったんですけど、癌だって分かってから二か月ぐらいであっけなく逝ってしまいました」

祖母と同様大好きだった伯母を、月野さんはそう回想する。

癌だと分かる少し前ぐらいから異変はあった。

伯母の名は、ここでは奈津さんとしておこう。

——ああ、仁美に会いたい。

月野さんと話をする機会があると、その時期、いつも奈津さんはそう言って亡き妹を話題にした。

——仁美に会いたくてしょうがない。夢にもしょっちゅう出てくるし、とにかく会いたくてしょうがないいんだよ。

「あとで思ったんですけど、あの頃って、もしかしたら母が迎えに来てたのかな、なんて。それぐらい、異様に母のことばかり話題にして。それからほどなく、癌だということが分かったんです」

伯母はあっけなく、あの世に旅立った。

当時奈津さんは母親——つまり月野さんの祖母の介護をしながら、母子で一緒に暮らしていた。

年干支　己卯
月干支　辛未《しんきんのひつじ》
日干支　乙亥《おつぼくのい》

これが奈津さんの命式。

日干支に「乙亥」を持つ彼女もまた、特異な力を持つ人だった。それもまた、異常干支のなせるわざだったか。

「伯母……私は奈津ちゃんって呼んでたんですけど、奈津ちゃんの訃報を聞いた私は、娘たちを連れてT県から祖母の家まで車を飛ばして駆けつけました」

祖母と伯母が暮らす家は、北関東某県のある街にあった。

奈津さんの亡骸は、月野さんが知っていた伯母より一回りも二回りも小さくなっていた。

月野さんは深い悲しみに暮れた。

大好きな祖母と久しぶりに会えたことは嬉しかったが、自分のことを可愛がってくれた伯母を失った痛手は、やはり大きい。

ただ、それと同時に覚悟していることもあった。

何しろ亡くなったのは、母の姉である。

一筋縄で、葬儀が終わるとは思っていなかった。

そして。

夜が来た。

月野さんは与えられた部屋で、連れてきた娘たちと川の字になって寝た。

一階の和室。

祖母と亡き伯母の家は、築年数も相当になる古い日本家屋だった。

伯母の亡骸は、同じ屋根の下。

その一室にある。

「私、何だか急に寒くなってしまって。変だな、風邪でも引いたかななんて思いながら、布団の中で何度も寝返りを打ちました。外でも風がビュービュー吹き始めて。窓がガタガタ、ガタガタって、何度も揺れて音を立てました」

やがて。

その時は来た。

俗に言う、草木も眠る丑三つ時。

……バタン。

月野さんは布団の中で動きを止めた。

間違いない。

たしかに聞こえた。

ドアが勢いよく開いたような音。

音は、二階からした。二階には生前、伯母がいた。

「何か起きるとは思っていましたけど、わあ、奈津ちゃん来ちゃったよって。私、母も伯母も大好きですけど、だからってお化けでも平気ってわけじゃないんで」

布団の中。

月野さんは全身を硬直させ、二階の様子に耳をそばだてた。

……ミシッ。

するとそれは。

……ミシッ。

ゆっくりと、階段を下り始めた。

……ミシッ……ミシッ。

古い木の踏み面が不気味な軋み音を立てる。

階段は、月野さんたち親子が眠る和室のすぐ近くにあった。障子を開けたら、もうすぐそこに、それはいるだろう。

「冗談じゃないよ奈津ちゃんって思いながら、階段に背中を向けて丸くなりました。戸外の風はもう嵐みたいな激しさで、ビュービューと不気味な音を立てています」

それは、階段を下りきった。

……ヒタ、ヒタ。ヒタ。

障子の向こうに近づいてくる。

そして障子のすぐそこに。

それは立った。

やめて。

やめて、やめて、やめて。ねえ、お願い。

月野さんは、今にも悲鳴をあげそうになった。

……カタン。

建てつけの悪い障子が開けられそうになった。古い障子戸が立てる突っかかるような音。

今度こそ、月野さんの喉からけたたましい声が出かかった。

そのときである。

「突然、部屋の中に突風が吹きました。ふわあって。ほんとに風が吹いたんです。窓も障子もガタガタと激しく揺れました。窓なんてどこも開いているはずがないのに、まるで戸外の嵐が家の中にまで飛びこんできたような感じでした」

すると。

障子の向こうの気配が消えた。

月野さんは緊張感から解放され、布団の中でぐったりとした。気づけば戸外の風も、嘘のように止んでいた。

翌日。

月野さんはようやく、深い眠りへと落ちていった。

目を覚ました月野さんは、思ってもみなかった世界を見ることになる。

窓の外。

一面の雪景色。

まだ十一月なのに。

あり得ない光景に唖然とした。

二〇一六年十一月二十四日。

十一月としては、東京では五十四年ぶりの雪となった。

そう来たか、奈津ちゃん。

月野さんは心の中で伯母に語りかけ、スノータイヤになど履き替えてもいなかった車に乗った。

葬儀場までの道のりは、雪のせいで恐怖の連続だったという。

廃兵

「もうずいぶん昔の話なんですけど」

六十代のご婦人、北野さんははにかんだ顔つきで苦笑をし、こんな話をしてくれた。

某県某市としておこう。

小学生の頃、北野さんはその市にある寄宿舎で寝泊まりをしながら学校に通っていた。

寄宿舎には全国から子供たちが集まった。

男の子も女の子も、ひとつ屋根の下。

老朽化した二階建ての建物で共同生活をした。聴覚に障害を持った児童たちが集う学校であり、寄宿舎だった。

トイレや浴室、洗面所などは共用である。一階には食堂もあり、寮母さんがみんなの面倒を見てくれた。

「子供たちが二人ずつ、同じ部屋で寝起きしていました。寄宿舎全体で何人いたのかな。

二十人ぐらいかな。不気味な古い建物でね。学校みたいな作りで、まっすぐな廊下の片側に部屋が並び、廊下には洗面所とかがあって。壁には大きな窓ガラスが並んでいました」

ある夜のことだった。

そんな寄宿舎で怪異が起きた。

「始まりは、一階にあった男の子たちの部屋でした。夜の十時過ぎだったと思います。私と同い年だった彼らが部屋で幽霊を目撃したんです。四年生のときだったかな」

北野さんはそう言って、友だちの男の子たちから聞いた話を思いだしてくれた。

蒸し暑い夏の夜だった。

男子児童二人は、それぞれ自分のベッドで眠ろうとしていたという。

ところが、一人はなかなか寝つけない。

名は林くんとしよう。

林くんは暑さに閉口しながら、ベッドの中で寝返りを打った。同じ部屋の友人は、反対側の壁にベッドをくっつけ、そちらで横になっている。

ギョッとした。

ベッドの脇に誰かいる。

灯りを消した暗い部屋。

だがたしかに、闇の中に林くんはそれを見た。

兵士だった。

大日本帝国陸軍の軍服に思えた。

軍服姿で丸刈りの兵士が、ベッドの脇に膝立ちになってこちらを見ている。

頭が割れていた。

ドクリ、ドクリと脈打つ感じで血が噴きだしては垂れ流れている。

顔の片半分が血まみれで、はっきりと見えない。鮮明に見えるほうの目が、じっと林くんを見つめている。

うわあああっ。

悲鳴が響いた。

林くんだった。

闇をつんざくような悲鳴。だがみんなには聞こえない。

ところが。

「私、なぜだかハッとして目が覚めました」

いやな予感に突き動かされた。

北野さんはベッドを飛び出してドアを開ける。

「でも、すぐに寮母さんが飛んできて。部屋に入りなさいと顔つきと身振りで叱られました。いくつぐらいだったんだろう、あの寮母さん。五十歳は超えていたような気がするけど。やさしいけれど厳しい人っていうか、怒ると怖かったんで、私、あわてて部屋に駆け戻りました」

いったいなんだったんだろう。

ドアを閉めた闇の中で、北野さんはとくとくと心臓を打ち鳴らした。

「けど基本、私、その頃からめちゃめちゃ怖がりなんで。もうやめてよとか思いながら、同室のせっちゃん……節子さんを気にしました」

せっちゃんは学校でも寄宿舎でも仲の良い親友。クラスも同じで、何をするにも一緒なことが多かった。

「やれやれ、眠れるかな。いいな、せっちゃんは気がつかなくてなんて思いながら、ベッドに入ろうとしました。チラッと彼女を見た気がします。そうしたら」

北野さんは固まった。

誰かいる。

誰か——見知らぬ男の人が、せっちゃんのベッドに上がっていた。

背中が見える。

誰。

何をしているの。

北野さんは目を見開き、そちらを見た。

丸刈りの若者。

奇妙な格好をしている。

えっ、どうして。

北野さんは思った。

軍服。どうしてこの人、軍服なんて着ているの。

しかも――。

「私、息もできなくなってしまって。よく見ると、その軍人さん、前のめりになってせっちゃんの首を絞めてるんです」

――うぅ、ううぅ……。

せっちゃんは苦しそうな呻き声を上げているように見えた。

蒸し暑い夜なので誰もが汗をかいていただろう。だがせっちゃんの顔には、尋常ではない大粒の汗が噴きだしている。

ひいいい。

北野さんは引きつった息を漏らした。するとせっちゃんの首を絞めながら、丸刈りの兵士がこちらに顔を向けようとする。

ゆっくりと。

ゆっくりと。

これまで見えなかった顔が分かった。

血まみれ。

頭が割れている。

ドクリ、ドクリと血があふれ出している。

若い兵士――帝国陸軍の姿をしたその兵士は、虚ろなまなざしで北野さんを見た。

この夜ふたつ目の悲鳴が、寄宿舎にあがった。

北野さんの記憶は、ここで途絶えているという。

あとで聞いたせっちゃんの話によれば、それからほどなく、寮母が驚いた顔つきで部屋に飛びこんできた。

寮母は気絶している北野さんを、必死に介抱したそうだ。

まさに、とんだ夜だった。

そんな馬鹿なと、誰もが一笑に付すような話でもある。

だが。
北野さんと林くんの話が嘘なんかではないことを証明した者がいる。
せっちゃんだ。
翌日、せっちゃんの首には赤黒い痣ができていた。
痣はどう見ても、そこに食いこんだ指の痕にしか見えなかったという。

瘤

北野さんたちの暮らす寄宿舎には、前のエピソードでも紹介した通り、厳しいけれど温かい寮母がいた。

年のころは、五十代半ばほど。寄宿舎にいた頃、北野さんはその寮母にとても可愛がってもらった。

「これは、そんな寮母さんから聞いた話です。多分、兵隊さんのお化けが出たといって盛りあがったことがきっかけだったんじゃないかな。寮母さん、いかにも芝居がかった感じで、声をひそめてささやいたんです」

——実は出るのよ、ここ。誰にも内緒よ。

北野さんはえっと息を飲み、目を見張った。そんないたいけな少女に、寮母は硬い顔つきでうなずいた。

寮母の仕事は多岐にわたる。

寄宿舎で暮らす児童たちへの食事の提供や消耗品の管理。玄関や廊下、トイレや洗面所、浴室や食堂などの清掃作業。寮内の安全管理。

毎晩の見回りも重要な業務だ。

決まった時間に見回りをしており、たしか九時半頃のことだったと言ったのではないかというのが、北野さんの記憶である。

その時刻には、児童たちは就寝を義務づけられていた。

寄宿舎内は真っ暗だ。

だが、こっそりと起きて何かをやっている子供たちも当然のようにいた。

そしてそれを見つけるたび、寮母は彼ら、彼女らを叱った。

その晩も、寮母は寄宿舎内の見回りに出た。

二階の見回りをするために階段を上っていったという。

一階と同様、二階も闇に沈んでいた。

月の出ている夜は、青白い明かりが大きな窓から斜めに廊下に差しこんだ。だがその晩はどんよりと曇り、いつにも増して闇が濃かったという。

……ぽたり。

……ぽたり。

廊下を進んで奥まで行くと、どこからか水滴の音がした。

寮母にはすぐに分かった。

タイル張りの洗面所が廊下の奥のほうにある。そこには水道の蛇口が、五つほど並んでいたはずだと北野さんは言う。

音はそこからした。

蛇口のひとつの締め方が緩かったようである。

「寮母さん、洗面所に近づいて水滴のしたたる蛇口を締めたそうです。そのついでに、ちょっと散らかり気味になっていた棚とかを、闇の中で整頓しようとしたらしいんですね」

窓には作業をする自分が映った。

一緒の動きで作業をした。

寮母はそちらを見るでもなく、てきぱきと作業をしてその場を離れようとした。

ところが。

「寮母さん、廊下を歩き始めたらしいんですけど、何か違和感があったみたいなんです。何だろうって眉をひそめたものの、違和感の正体が分からない」

ぞくり。

その途端、寮母の背筋を鳥肌が駆けあがった。

決して寒い夜ではなかったという。

それなのにどうしてと思い、寮母はふと窓を見た。

男がいた。

痩せこけて骨と皮ばかりになったような若い男が、窓にべったりと両手をついてこちらを見ている。

浅黒いと言えば聞こえはいいが、肌は土色。

瘤のような隆起が顔にも身体にもある。

瘤。

瘤、瘤、瘤、瘤。

寮母はようやく気づいた。男は何も着ていない。

うわあ。

窓の近くから飛び退いた。

見間違いかと思ってもう一度目を凝らす。

見間違いなどではなかった。

闇の中。

若い男だ。瘤まみれの若い男が、真っ赤な目をこちらに向けて窓ガラスにへばりついている。

ひいい。ひいいい。

寮母はパニックになった。

だってここは二階である。

しかも窓の向こうに足場などない。窓を開けて下を見れば、古い寄宿舎の壁が地面まで一直線に続いている。

うわあああああ。

今まで一度として出したこともないような声が出た。恐怖の塊が臓腑の奥からせりあがり、喉を開かせ、悲鳴になって虚空に弾ける。

うわあ。うわあ。ひいいいい。

恥も外聞もなかった。

そんなことに気を回している余裕もない。

寮母は廊下を駆けだした。

すると。

「男の人の幽霊も一緒になって動きだしたんだそうです。両手の指を窓ガラスにくっつけたままらしいんですけど、幽霊が動くと、指の痕が窓ガラスに汚れたような線をどんどん横に伸ばしたって……」

寮母の覚えた恐怖は想像にあまりある。

彼女は気がふれたような悲鳴をあげながら、バタバタと階段を駆けおりたという。

ガラリ。

何ごとかと勢いよく開く引き戸の音を背後に聞きながら。何も聞こえないはずなのに、児童たちも異変を感じたようだった。


この寄宿舎がどこにあったのか、ここでは書かない。

だが歴史をひもとけば、この寄宿舎の近くにはかの昔、日本陸軍の将兵たちを治療していた病院があった。

収容されていたのは戦地で精神に異常を来《きた》し、極秘に帰国させられた皇軍兵士たち。

彼らは今も、歴史の闇の中にいる。

弟が見たもの

「東京に住み始めて一番驚いたのは、家にお化けが出ないことですね」

そう話してくれたのは、響子さん。

鑑定を通じて知りあった。

筋トレと料理を愛する、四十代の美しい女性。

すてきな旦那さんとお子さんに恵まれ、あわただしいながらも充実した日々を過ごしている。

だが、聞いてみるとその半生は、かなり奇っ怪だ。

「小さい頃から何度も引っ越していますけど、どの家にも必ずお化けが出ました。家の中には、お化けが出るのがふつうだったんです」

響子さんが生を受けたのは、西日本のY県。

六歳のとき、家族で大阪に越したが、毎年夏休みになると、Y県のH島にある祖父母の家に預けられた。

祖父母の家は、化け物ばかりだった。

「居間の隅に、膝を抱えて座っている知らない男の人がずっといました。廊下の角、柱の上には落ち武者が浮いていていましたね」

知らない人がいると言って火が点いたように泣く幼い響子さんを、祖父母は持てあました。

家があったのは戦後、宅地として造成された住宅地。

H島には、かつては海賊のすみかだったとか、逃げてきた平氏の人々が捕まり処刑されたとか、さまざまな逸話がある。

非公式の処刑場もあったという。

「そして、高校生になるまで暮らしたのは、府営の高層団地でした。もともとは、近くにある古いお寺の敷地だったんじゃないかと思うんですよね」

そう響子さんは回顧する。

そこでは、夜中に箪笥を漁《あさ》る白い人影を何度も見た。夜な夜な男性のうなり声も聞こえてきた。

高校を卒業すると、再びY県に戻った。

夜、帰宅すると玄関に至る外階段に、くっきりとした丸い影があった。バレーボールに真上から光を当てたような、真ん丸で真っ黒い影だった。

「でも、そんな光源、頭上にないんです。しかも夜ですよ。しばらくあたりを見回し、不思議に思いながら首をかしげて帰宅しました。そうしたら」

しばらくして、叔父が訪ねてきた。

響子さんと同様、霊的に鋭いものを持つ叔父だ。

「階段に知らないじいさんの幽霊がいたぞって言うんです。すごく気味悪そうに。霊的なものって、人によって見え方が違うんですよね」

Y県に戻り、二箇所目に住んだ家での思い出も興味深い。

家は墓地のはす向かいにあり、当時存命だった比丘尼《びくに》から、玄関の外門は絶対に使わないようにと釘を刺されていた。

家族は車庫の門から家に出入りをしていたという。よくない筋のものが、玄関のほうにはいるからと聞いていた。

「明らかな異変が現れ始めたのは、父が癌で亡くなった後でした。葬儀社の人と、お通夜の相談をしているときからでしたね」

往時を思いだして、響子さんは言う。

居間で打ち合わせが終わり、響子さんの弟が立ち上がろうとした。

いきなり足の指を骨折した。

当時まだ、二十代半ばの若さである。

弟は病院へ行った。

そして帰宅した翌朝。

「トイレの中にお化けがいると言うんです。借家だったんですけど、汲み取り式のトイレでした」

深い汲み取りの底。響子さんの弟は、たしかに見た。

化け物。

顔が老人で、身体が赤ちゃんだった。

弟は、悲鳴をあげてのけぞった。和式便所の古い壁に、したたか頭を打ち付けた。

そして、響子さんはといえば。

「お通夜の打ち合わせのときから、咳が止まらなくなってしまって。結局、その後一か月以上咳が続いて――」

肋骨を、疲労骨折した。

あとで分かったことだが、それは感染性の肺炎だった。当時三歳だった響子さんの息子も、その頃幼稚園で腕の骨を折った。
「結局お化けらしきものを見たのは、あの家では私の弟だけでしたけど、あのとき家族に骨折が続いたのは、決して偶然ではなかったと思っています」

ちなみに。
……ピンポーン。
響子さんは引っ越す家に関係なく、夜中にチャイムの音を聞く。
チャイムの音は、玄関からする。
夜中にする。
響子さんは目を覚まし、ああまたかと思うのだという。
そして。
……ピンポーン。
今夜も彼女は、夜中にチャイムで目を覚ます。

境界

もう一本、響子さん。

結婚をして北九州の街で暮らした響子さんは、やがて東京に越してきた。

彼女は言う。

「今私が住んでいるKという土地も、なかなかのところなんです。古い土地ですよ。弥生時代の遺構が出てくるぐらいですから」

とにかくそこは、土地の気がすごいという。季節によっては濁流のように気が噴きだしている場所もある。

霊的に繊細なものを持つ響子さんには、それが分かる。

「そういう土地にありがちなものって何だか分かりますか、先生」

響子さんは私に聞いた。

はてなんだろう。私は首をかしげる。

「新宗教系の建物です。土地のパワーを利用しようとしているんでしょうね。よく嗅ぎつけてくるなって感心するくらい。それ系の建物がいくつも集まって建っている場所まであるほどです」

だが、そんな中でもとりわけよい場所を確保しているのは、とある証券会社だと響子さんは言う。

その会社は、広大な敷地を寮として使っている。

「もともと、明治時代に大物政治家の愛人だった女性が経営していた、大きな料亭があったところらしいんです。当時は政治家や財界人がたくさん集まってきた場所で、今は観音様が祀られたりもしています」

響子さんが家族と暮らしているのは、そんな土地。アパートの土からは、ときどき自然霊が生まれているという。

住んでいるのは、木造のアパート。目と鼻の先には、シャーマンが埋葬されていた塚（遺跡）がある。

「考古学の見解では、集落の境界にそうした人々を埋葬することで、外からやってくるものから集落を守っているらしいです。お化けが出ないのは、そのせいもあるかもしれませんね」

前に紹介したエピソードの通り、響子さんは行く先々で化け物と遭遇してきた。彼女にしてみれば、現在の住まいは、とても居心地がよいという。

そんな響子さんにとって、忘れられない化け物屋敷の最右翼。それは、現在の夫と結婚後、最初に住み始めたマンションだった。

北九州はF県。

X駅からほど近いところにある集合住宅で、響子さんたちの部屋は一階にあった。今から二十五年ほど前のことである。

そこに住み始めてほどなく、響子さんは金縛りに遭うようになった。

しかも、毎晩のように。

「金縛りに遭うのは昔からだったんですけど、そのマンションでは異常に回数が多くなりました。多いっていうか、もう一晩中なんです。夜が明けるまでに、毎晩五回も六回も。すさまじい回数でした」

響子さんにとって、金縛りは怖いというより腹が立つ。

人霊ならば、明らかに不法侵入。

その上、金縛りなどという嫌がらせをしてきているのだから当然でしょ、というのが理由だ。

「寝て、金縛って、またようやく寝られたかと思ったら、また金縛って。ふざけないでって、怒りに任せて飛びおきることの繰り返し。安眠なんてまったくできませんでした」

しかも、ようやくウトウトできたかと思えば、たどりついた夢で見るのは、生々しい戦争の情景ばかりだった。

ガタンゴトン。

ガタンゴトン。

貨物列車が西から来る。

トンネルを抜けて、やってくる。

列車には、死体が山積みにされていた。

「戦争で亡くなった人の死体ばかりでした。空襲や、原爆で焼け死んだ人たちに見えました。そんな、おびただしい数の死体を山積みした貨物列車が、目の前を通過していくんです。ゆっくりと、ゆっくりと」

死体は炭みたいに焼け焦げているわけではない。身体の全体が赤剥け、蒸し焼きみたいな感じがしたと響子さんは言う。

ガタンゴトン。

ガタンゴトン。

誰も服は着ていなかった。網膜に飛びこんでくるのは、赤剥けた皮膚の色ばかり。丸裸の死体。

眼窩から目玉が飛び出している死体があった。

臓物が腹からあふれ出しているものも。

手がなかったり。足だけだったり。頭がぱっくりと割れ、脳味噌らしき塊を露出したまま目の前を通過する死体もあった。

無数の虚ろな目が、硬直して立ちすくむ響子さんを見た。

文字どおり、飛びおきた。すると——。

うーうー。

うーうー。うーうーうー。

「金縛りだの悪夢だのに怒りマックスな私の隣で、夫もすごい声でうなされていました。霊感なんてゼロの人なんです。それなのに、もう夜通し——」

うーうー。

うーうー。うーうーうー。

いつしか夫の呻き声は、眠れない夜の奇妙なＢＧＭになった。

だが朝になると、夫は何も覚えていない。いつもふつうに出勤したため実害はないと考え、響子さんはそのままにした。

「調べてみるとそのあたりは、太平洋戦争のとき、空襲の被害に遭ったところでした。そのせいなのかなとも思ったんですけど、なぜだかそれだけではない気もして」

不思議なことは、金縛りだけでなく、いろいろと起きた。

ある朝起き、バスルームの扉を開けると血の匂いが充満している。上階でバラバラ殺人でもあったのではないかと思ったほどだ。

当時としては、まだ築年数が浅かったマンション。

だが、ときによっては毎日のように、火災警報器のけたたましい音があたりにこだました。

いぶかしんだ消防署員が、住人たちに聞きこみをしに訪れたこともある。

「満室だったはずなんですけどね。どうしてだか、いつも人気のないマンションでした。一年近く暮らしたんですけど、住人と顔を合わせたのは、一階の集合ポストでたった一回きりでした。そんなことってありますか」

当時を思いだし、毎日のように感じていた薄気味悪さが蘇って、響子さんは声をふるわせた。

そんな彼女が今でも昨日のことのように思いだすのは、昼日中に遭遇した金縛り体験だ。

「テレビを見ていたんです。外はとってもいい天気。日差しがまぶしいぐらい明るくて、窓からは風が。レースのカーテンがひらひらしていたのをよく覚えています。そうしたら」

しまった。

響子さんは思った。

いきなりガチっと、金縛りにあった。

キャキャキャキャキャ。

ケケケケケ。

キャキャキャキャキャキャ。

ケケケケケ。

金縛るやいなや、甲高い笑い声が部屋に響いた。

しかも、ひとつやふたつではない。

数にしたら、多分数百。

すさまじい数のもののけがいるのが分かった。もののけたちは耳障りな笑い声を響かせ、動けなくなった響子さんを嘲笑する。

「もうね、ついに怒り爆発って感じでした」

響子さんは言う。

「腹が立って腹が立ってしかたがなかった。私は必死にもがいて金縛りを解こうとしましたが、なかなか解けなかった。でも」

ようやく金縛りが解けると同時に、もののけたちは退散した。

からかうように笑いながら遠ざかっていく化け物たちの笑い声を、残響のように響子さんは聞いた。

「マンションが建っている横の道路を隔てた向こうから、別の地名に変わります。ある神様を彷彿とさせる地名です。そちらの土地には街道沿いに、たしかにしっかりとその神様が祀られていたんですけどね」

これもまた境界ってことなんでしょうか――響子さんは言った。

「そのあたり一帯、とにかく薄暗くて殺風景で、殺伐とした雰囲気を感じる土地でした。今はマンションの前に病院が建っていますけど、正直、あんなところに病院はどうかと思います」

響子さんが暮らしていた当時、そこには大手企業の古びた寮が何棟も建っていた。そこから近所にある中学校の手前まで、道路と空き地しかないようなエリアだ。

「中学校手前の、草なんかぼうぼうだった空き地が整地されて、新興住宅地になったのは私が越してからのことです。あんないやな感じがする場所に住宅地……しかもちょっと高めなんですよ。そんなもの作ってどうなんだろうと思っていたら」
住宅地が完成してから数か月後。
火事が起きた。
子供が一人が亡くなったというニュースを、響子さんは見た。
彼女たちが暮らしたマンションは、今も変わらずそこにあるという。

白い着物

異常干支については、第一弾『算命学怪談』からいろいろと書いてきた。

持っていない人と比べると、考え方や生き方に異常性が加わりやすいと言われるユニークな干支。

時にそれは霊感にも繋がり、私が知りあう不思議な力を持つ人々の間でも、持っている人が少なくない。

そんな異常干支だが、古い家系の家柄はこれを持つ人を多数輩出することがあると算命学では言われている。

果たして本当だろうか。

たとえば、このエピソードの主役となる九州某県の中丸家。菩提寺には、二百年にもわたって先祖の墓を守り続けてもらってきた。

話を聞かせてくれたのは、その実質的な跡継ぎであった中丸亜美さん。私は彼女に、家系に連なる関係者たちの生年月日を聞いた。
すると。

祖父　月干支　丙戌《へいかのいぬ》
祖母　年干支　辛亥
父　年干支　壬午
母　年干支　辛巳《しんきんのみ》
　　日干支　癸巳《きすいのみ》
長女　日干支　丁亥
三女　月干支　乙亥
　　日干支　戊子《ぼどのね》
伯母　月干支　壬午
叔父　年干支　丙戌

これらはいずれも、全六十干支中十三個しかない異常干支。たしかに多くの人々が、異常干支とともにある。

二百年にもわたり栄華を極めてきた中丸家は、算命学の見立てが間違っていないことを、はからずも証明してくれた。

だが——。

「そんな中丸家も、私の代で終わりです。結果論として自分の使命が分かりました。私は中丸家をつぶすために生まれてきたんです」

現在五十代の亜美さんは、そう言って複雑そうな笑みをこぼす。

三人姉妹の次女。

事情があって、本家の後継者に指名されていた。

だが現在は実質的に、一族から石持て追われる身となって、過酷な法廷闘争の渦中にある。

ちなみに彼女の日干支も、異常干支の「己亥《きどのい》」だ。

「母が姉妹に見殺しにされ、父は彼女たちに連れ去られ、偽の遺言書を書かされて財産を取られました。最後は肺癌と脳内出血で入院していたんですが、まともな治療も受けられないであの世に旅立ちました。今は自分の姉妹を相手取って、公正遺言無効確認の裁判を起こしています。それが終わったら、今度は窃盗と保護責任者遺棄、名誉毀損、脱税を民事で起こして、刑事告訴もします。弁護士は詐欺罪で民事、刑事とやって、最後は資格剥奪の申請。あと、病院には質問状を送って、民事、告訴、告発の準備もしています。え、大変そうですか？　いやいや、もうね、最高にファンキーですよ。理解してもらえないでしょうけど」

亜美さんは快活な笑い声を立てて私に言った。

こんな細身の女性のいったいどこに、そのようなバイタリティがあるのだろうと圧倒される思いがした。

彼女が現在関わっている法廷闘争の詳細は、ここには書かない。

だが彼女の話を聞くと、若い頃から家族たちとは理解しあえず、よかれと思ってすることのことごとくを否定されるような人生を送ってきたようだ。

そんな性格的な不和が、時を経て血族間の諍《いさか》いへとエスカレートした。そして一族の激突は、ついに法廷へと場を移す。

亜美さんは、一度は自分が継ごうと決心した中丸家から、さまざまな関係者の意志ではじき飛ばされる結果となった。

「最初に祖父母や親から言われたのは十八歳のときでした。『由緒ある中丸家の跡継ぎはお前だ。中丸家本家とお墓、仏壇、家業（建築業）を養子を迎えて守りなさい』って。でもね、結果的に私は親が望んだ風には生きられなかった」

亜美さんはそう回顧する。

好きな人ができ、結婚をして家を出た（現在は離婚）。それ以来、自分は家を見捨てたひどい娘だと、ずっと負い目を感じて生きていたと言う。

祖父母や両親が亜美さんに託そうとした中丸家は、地元の名士。

かつて先祖が暮らした屋敷は、その周囲を回るには馬がないと用を足せなかったというほど広大で豪奢なものだった。

菩提寺の墓地にある墓は二十五体。

すでに墓じまいをしたそうだが、戒名が彫られていた墓石は十一文字の戒名ばかりで、作業に当たった関係者たちを驚かせた。

「もっとも……すべてはお金だったんです。ふつうは六文字が当たりまえの戒名が十一文字なのも、言ってみればお金の賜。いろいろと疑問に思って調べてみると、私のご先祖様って、決して胸を張って誇れるような人たちばかりではなかったんですよね。まあこれは、あとになって分かったことですけど」

亜美さんは若い頃から、実は違和感を覚えていた。

私の人生、何だかおかしい。

自らご先祖様たちの過去と向かいあうことになる、はるか昔のことである。

高校一年のときを手はじめに、現在まで自転車対車の人身事故が七回。車対車でも、三回も事故に遭っている。

つい最近も、一昨年の春先に腸閉塞で緊急入院。同じ年の秋には国道で信号無視の車にはねられ、入院をした。

死んでもおかしくない事故だった。

「人のためになることが大好きで、いろいろとやってあげたいのに、なぜだか人間関係がうまくいかないことが多くて。どうしてだろうと悩んだこともありました。ううん、ずっとずっと悩み続けてきたかな」

そんなあるときのことだった。

一人の陰陽師に視てもらう機会があった。

すると。

——あなたが人から嫌われて悲しむのを喜んでいる霊が憑いていています。

陰陽師はそう言った。

ええっ。

亜美さんは仰天した。冗談じゃない、そんなの取ってくださいと懇願する。

だが、陰陽師は首を横に振った。

——もう長いこと取り憑いていて、あなたと一体化しかかっている。力が強くて、とても除霊できません。

亜美さんはネガティブの塊になった。

「もう死にたい、どうして私にばかり不幸なことが起きるのだろうって苦しくなりました」

藁にもすがる思いで、今度は手相占い師を訪ねる。

占い師はこう言った。

——先祖に何かありそうですね。

亜美さんは驚いた。

先祖に何か？　何かって、いったい何があるというの。

気になった。

気になって気になって、放っておけなくなる。

亜美さんは知りあいの紹介で、今度は一人の霊媒師を頼った。

そうしたら。

——あなたの頭の上に星があって、それを見つけた霊たちが助けてほしくて寄ってきている。あなたの場合、ご先祖様の問題もあるから大変でしたね。

そう言われたと言う。

「私、覚悟を決めてその霊媒師さんに除霊をお願いすることにしました」

霊媒師は亜美さんの願いを聞き届け、除霊の儀式をした。

だがそれは、亜美さんが想像していたよりはるかに大変なものだった。

「霊媒師さんに初めて会ったとき、黒いオーラみたいなものが私のまわりにウジャウジャと憑いていると言われました。霊だそうです。霊が信じられないほど憑いていて、霊媒師さんはそれら一人一人の怨みを、時間をかけて聞いていってくれました」

霊媒師は怨霊たちの話に耳を傾け、各自の素性を調べた。

亜美さんは霊媒師から怨霊が語る怨みの内容を聞いて紙に記し、怨霊の祈祷を手がけている高野山の寺院に次々とそれをＦＡＸした。

「高野山のお寺は、懸命に祈祷をしてくださいました。霊媒師さんに怨霊が語っている内容を教えてもらい、祈祷の紙に『出産を手伝ってもらえずに苦しみ、田中家を怨んで亡くなった妾の霊』といった感じの書き方をしてお寺に送ったんです」

霊たちの語る怨念は、壮絶の一語に尽きた。

怨み。

怨み。

怨み。

おびただしい霊が中丸家の先祖の所業を怨み、成仏したくともできないまま、何とか気づいてもらいたくて亜美さんに取り憑いていた。

たとえば。

中丸家の先祖のお手つきになって妊娠したものの無碍に暇を出され、身重なまま道端で死んでいった霊。

同じく先祖の妾となったものの、一人で出産を行い、母子ともにあえなく命を落とした霊。

お金を騙し取られた霊。病気だと訴えているにもかかわらず馬車馬のように働かせられ、無残に命を散らした霊。

その多くは、中丸家に女中として関わった女性をはじめとする、年若い女たちだった。

そんな霊たちが語る怨念の数々を霊媒師は一人一人聞き取り、高野山の寺院は一人の霊につき一週間の祈祷を三回繰り返すことを続けたという。

気の遠くなるような長い日々だった。

高野山へのＦＡＸは送っても送っても終わらない。霊媒師は来る日も来る日も霊との対話を根気よく続けてくれた。

そして。

ついにあるとき、亜美さんに言った。

——見つけた。霊たちの一番奥に、大事だった白い着物と子供を取られ、中丸家を怨んでいる若い女がいます。

その女こそ、負を呼び寄せる霊たちの中心だった。

ここまでに霊媒師が話を聞いた怨霊の数は、じつに三百人に上ったという。

「私、その人がどの女性か知りたくて、中丸家の戸籍謄本を取り寄せて家系図を作りました。で、霊媒師さんにいろいろと教えてもらって照合した結果——」

彼女は先祖の出鱈目な生き方と、女性たちからの搾取の悪辣さを知ったと言う。

白い着物と子供を取られたことを怨んでいたのは、祖父の妾の一人だった。

亜美さんの祖父は結婚をする前はもちろん、結婚した後も女性に手を出し、子供を産ませるばかりではなく、妾の家に転がりこむようなことまでしていた。

しかも妻を伴ってである。

祖父はこれを三回も繰り返した。

つまり三人の妾それぞれを孕ませたばかりか、妻を連れて妾の家で生活するようなことをしていたのである。

「その白い着物を取られたというお妾さんが、私の叔父の母親でした」

叔父。

年干支に「丙戌」を持つという、先のページで紹介した人だ。

「今にして思えば、祖母は自分が白い着物を着て綺麗に写っている写真を遺影にしてほしいと言っていたんです。もしかしてあの着物って……ってどうしても思っちゃいますよね。たいせつにしていた高価な着物を取られ、しかも息子まで奪われたというのであれば……怨まれても当然かなって」

先祖の男たちの所業は他にもいろいろとあったようだが、これ以上は書かない。

いずれにしても、霊媒師と高野山の寺院による必死の除霊と祈祷の甲斐あって、亜美さんはようやく怨霊たちの呪縛から逃れることができたのである。

だが、両親の死と財産をめぐる実の姉妹たちとの骨肉の争いは、今も変わらず続いている。

「でも結果がどうであれ、私たちの代で中丸家本家がおしまいであることは変わりありません。直系血族である私の息子は結婚して他家に養子に入りました。もう一人いる娘も中丸の名字は継ぎません。また私の姉妹たちには子供ができませんでした」

亜美さんは深い覚悟を忍ばせた顔つきで、しっかりと私にそう言った。

そんな彼女が、今でもちょっぴり気にしていて、忘れられないことがある。

すでに鬼籍に入っている祖母のことだ。

「祖母は亡くなる十年くらい前から不安症で徘徊が始まり、昼夜が逆転していました。その上、老人ホームに入ったら階段から落ちて大腿骨を骨折してしまって。亡くなるまで病院にいて、最後は意識なんてなかったんですけど」

いつお迎えが来てもおかしくない容態。

身体だって壊死が始まり、腐りだしているというのに、祖母は息を引き取らない。

「当時の私は、もう離婚して家に出戻っていました。そうか、おばあちゃん、中丸家の将来が心配で死にたくても死ねないんだなって思ったものですから、つい言ってしまったんですよね」

――おばあちゃん。心配しないでも大丈夫。私が中丸家を継いで守っていくからさ。ね？だからもう、楽になってもいいんだよ。

すると。

……ピーーーーーーーーーーー。

心電図が、すぐにフラット音を響かせた。

「本当にすぐだったんです。今でも思いだすとゾッとしますね」

亜美さんは言う。

「祖母がそこまでこだわった中丸家をつぶすかと思うと、いろいろと思うことがないでもないんですよ。でもまあ、これが私の使命だと分かったので」

亜美さんは深い決意を秘めた声音で、取材の最後にそう言った。

自分に憑いていた怨霊たちへの鎮魂の旅は、まだ始まったばかり。彼女はそう言っているように、私には思えた。

新しい住職

由理さんは、介護の仕事を始めて二十年以上になる。

これは、今から五年前。

母方の菩提寺で、祖母の法事を行ったときの話だそうだ。

「そのお寺、お坊様は住職お一人しかいらっしゃらなくて、長いこと跡を継ぐ人がいませんでした。でも住職も高齢になられ、身体の具合もよくなくなって、一年半ほど前、同じ宗派の若いお坊様が新しい住職としていらっしゃったんです」

若い僧侶に対する檀家たちの印象は上々だった。

いい人が来てくれたと、評判になった。

ところが。

「前の住職が体調を崩して入院された頃から、聞こえてくる様子が変わってきました。新しい住職が前の住職のお庫裏様に手をあげたり、暴言を吐いたりしているらしいという噂が広まったんです」

どうやら、少し問題のある僧侶のようだった。

よからぬ話はまたすぐに、檀家の間を駆けぬけた。

そんなある日。

年若い新住職が、首をくくって自殺した。

まさに、突然のことだった。

「新しい住職がいなくなってしまったので、また前のご住職が職に戻られました。祖母の法事も、その住職がしてくださったんです」

法要の当日。

お堂には由理さんと両親、母の三人の従兄妹。計六人が並んで座った。

背後には障子がある。

障子の外は、境内だ。

法要が始まった。

老住職の読経の声が、お堂の中に朗々と響きだす。

「私、『あれ?』って思ったんです。お経を聞いていたら、いきなり背後の障子がすっと開いた気配がしたものですから」

無作法であることは百も承知だった。

だが由理さんは、思わず振り返る。

出席予定の親族は全員ここにいた。法要は始まっているというのに、いったい誰が入ってきたのだろう。

しかし、そこには誰もいなかった。

おかしいな、そんなはずない。

由理さんはうろたえた。

「だって、たしかに障子が開いたんです。やがて、私はギクッとなりました」

誰かがそこにいる。

幼い頃から霊感の強かった由理さんには分かった。

間違いない。たしかに誰かが入ってきて、すぐそこにいた。

時は十二月。真冬の法事である。

障子が開いた気配はしたのに、冷たい外気は入ってこない。だが、誰かが後ろにいる気配は消えなかった。

そして。

「私の右隣に母が座っていたんですが、ふとそちらを横目で見たら」

母親の上から被さるように、誰かが立っていた。

黒い人の形。

自殺した住職だと、由理さんは気づいた。

「なんてことなの。自分の後ろに来たらどうしよう。いやだな、いやだなって思いながら、必死に気づかないフリをして法事が終わるのを待ちました」

やがて、長く感じられた読経が終わり、法話をすませた住職が退室した。

それと同時に、母親の後ろにいた影もようやくいなくなる。

由理さんは、左隣に座っていた母の従妹を見た。今の話をした。この人もまた「視える人」だった。

すると、従妹は言った。

——うん、いたね。自殺した住職が、あんたのお母さんの顔を覗きこんでた。

やはりそうだったか。

由理さんは青ざめた。

心配になり、母親の様子をそれとなくたしかめた。

「母は私や従妹と違ってそういうことには全然気づかない人なんです。でもそんな母でも、聞いてみるとお経の間中、ずっと苦しかったって言うんですよね。身体を後ろから押さえこまれてる気がしたそうです」

由理さんはそう言って、気味悪そうに顔をしかめた。

その後。

父親の運転する車に由理さん以外の五人が乗り、祖母の家に移動することになった。

由理さんは一人だけ自分の車に乗り、少し遅れてみんなに続いた。

すると。

車の中でも怪異は起きた。

ぞくり。

運転をしながら身体がふるえる。

いやな予感がした。

由理さんはチラッと助手席を見た。

若い住職がいた。

虚ろな顔つきで座っている。

由理さんは悲鳴をあげそうになった。もう二度とそちらを見ることなく、ガクガクとふるえながら運転をした。

祖母の家までは十分ほど。その間ずっと、住職はそこにいた。

「到着すると、急いで祖母の家に駆けこみました。さっきの従妹に確認してもらうと、やはり住職の霊が家の中までついてきていると言われました」

由理さんは怖くなってしまい、気配がするほうも振り返れなかった。その日は日帰りで自宅に戻る予定だったが、このままでは帰ることもはばかられる。

――窓を開けてほっときなさい。

従妹にそうアドバイスをされ、言われた通りにした。するといつしかようやく気配は消え、由理さんは無事、家まで帰ることができたという。

「亡くなった住職がどうして私についてきたのかは、いまだに謎のままです。そしてそれから数年後、今度はお年を召された住職も病気でお亡くなりになりました」

ちなみに。

寺にはまた、新しい住職がやってきた。

しかしどうしてだか、その人はほどなく、逃げるように寺を出ていった。

しかたなく、今は近くの寺の住職が臨時で寺を見ているという。

経読む声

藍子さんには第一作『算命学怪談』から話を聞いている。

小さい時分から特異な能力を持ち、現在は祈祷師兼占い師として人々の相談に乗り続ける美しい霊能者。

占いの師匠が宗教家でもあったことから（この人もすさまじい霊能力を持つ。日蓮宗の住職であり、真言宗の住職でもある）、彼女も大日如来や不動明王に心酔し、師匠についてきた。

だが、もっともっと勉強したいと、遠く離れた西日本はQ県で「××寺」という寺院を営む一人の阿闍梨《あじゃり》を頼ったことから、思わぬ魔界が扉を開けた。

「ある人に紹介してもらい、相談を持ちかけたんです。そうしたら、オンラインで毎週開催している勉強会があるから、よかったらと誘っていただけて。私もう嬉しくて、勉強会で阿闍梨から教えを乞うようになりました。そんな風につきあいが始まって、だんだん仲よくなっていったんです」

藍子さんはそう言って、阿闍梨である住職のことを話し始めた。

住職は立派な人物だった。

勉強会を通じ、彼女は住職からさまざまなことを学び、一層深くその人となりに傾倒していった。二年ほど前のことである。

「当時はまだ母が存命中でした。でも、どんどん具合が悪くなってしまって。やがて、とうとう病気が重篤化してしまいました。暑い夏のことでした」

世界中でコロナウイルスが猛威をふるっていた。藍子さんは阿闍梨に相談し、オンラインでコロナ終息の祈願をしてもらったりもしたという。

だが、やがて母親は急逝。

それはちょうど、彼女の暮らす街が歴史的な豪雨に見舞われているときだった。

折からのコロナ禍に自然災害までもが加わって、葬儀をしてくれる寺院が見つからない。

「菩提寺に事情があって、頼りたくても頼れない時期でした。それならということでお願いをしようと思っていたお寺は、山の上にあったのですが」

そこも豪雨で山崩れが起き、葬儀どころではなくなってしまう。

「もうお手上げでした。私、藁にもすがる思いで××寺の住職に電話をし、どこかご紹介いただけませんかって相談をしたんです。そうしたら、信じられないことに住職が来てくださることになって。遠路はるばる飛行機で」

つきあいの深さ、物理的な距離、金銭的なこと。どれをとっても気楽に頼める話ではなかった。

だが住職は、これもご縁だからと遠くから駆けつけ、プロの葬儀屋が驚くほどの葬儀を執り行ってくれた。

しかも、良心的としか言いようのない価格で。

お寺は藍子さんの中学時代の縁を頼った。剣道部の先輩の実家であった寺院が、運よく借りられた。

「もう本当にね、葬儀屋さんが『何年もこの仕事をやっているけれど、こんなすごいお葬式は初めてですよ』とびっくりするぐらい豪勢でした。お通夜でも本葬でも最高レベルのお経を一時間もあげてくださって。当然、私は感謝、感謝です。本当に恩人だと思いました」

住職を慕う藍子さんの気持ちは、さらに強いものになった。

住職だけでなく、二人三脚で寺院を切り盛りする奥さんとも仲よくなり、藍子さんは××寺といちだんと深いつきあいをするようになっていく。

ところが。

「何だか少しずつ、風向きが変わっていきました。去年の春頃ぐらいからだったかしら。あれ、と思うほど、住職から頻繁に電話がかかってくるようになったんです」

藍子さんは内心怪訝に思いながらも、住職からの電話に快く応じた。だが阿闍梨とのやりとりは、やはり少しずつ噛み合わなくなってくる。

「たとえば、初詣にはこういうお寺に行きましたと私が言うと、何でそんなところに行くんですか、みたいなことを言われるんです。リモートで十分でしょう、うち以外のお寺には行かないでくださいなんて言われたり」

また、藍子さんには当時交際中の男性がいた。その頃彼女はその恋人に苦しめられ、いろいろと悩みを深めていた。

そのことを、彼女は阿闍梨にも打ち明けた。

「そうしたら住職が『その人と縁が切れるように祈祷をしてみましょう』みたいな話になって。そこらへんからでしたね。もう完全に火が点いてしまった感じというか。女性として見られていると、はっきり分かるようになったのは」

藍子さんはそう当時を回顧する。

他の男とはつきあうなと、住職に言われるようになった。

仮につきあうとしたら、僕が認めた人以外、絶対につきあってはだめだ。もしも好きな人、気になる人が現れたらまず僕に言ってくれとも命じられた。その相手でよいかどうか、僕が決めるからと。

明らかに、異常だった。

そして同じ時期、藍子さんには住職の奥さんからも電話がかかってくるようになった。聞けば奥さんは子供を連れ、実家に帰ってしまっていた。

「住職が奥さんに対して、とても威圧的になってきてしまったと言うんです。ずいぶん辛抱されたようなんですけど、ついに我慢も限界に来て。おそらく何も気づいていらっしゃらなかったのでしょうね。私に『もしも主人が何か相談をしてきたら、どうか力になってあげてください』なんてことまでおっしゃって。私はあわてて、自分にはそんな力はないって言ったのですけど」

それから、藍子さんは毎晩のように阿闍梨からの電話を受けるようになる。

――うちに来ませんか。一緒にやりましょう。

阿闍梨は熱心に藍子さんを誘った。

――藍子さんが占いをして私がお経を読む。そんな風に二人でうちのお寺をやっていきませんか。

そんな熱烈な提案を毎夜のようにされた。しかし自分を口説こうとする阿闍梨からは、宗教家ではなく男の匂いがした。

藍子さんはついに覚悟を決める——いろいろと恩のある大事な人だけれど、私はもうこの人から離れなければならない。

腹をくくり、住職からの電話をブロックした。

諸般の事情から寺に戻ってきていた奥さんにも「ちょっと占いに専念しないと生活に支障が出てしまって」と、寺院と距離を置きたい旨を恐縮しながら伝えた。

「奥さんも『あれ……？』と思われたんじゃないでしょうか。何となく、察してみえたようにも思いました」

こうして、藍子さんは住職と一線を引いた。

ところが。

「それを契機に、いよいよとんでもないことが始まってしまったんです」

異変。

不気味で恐ろしい異変。

それが、次々と藍子さんに襲いかかった。

住職と袂を分かったその日には、早くも高熱を出して倒れてしまう。

原因不明の、異常な高熱。コロナウイルスではなかった。

藍子さんはわけが分からず床に伏せった。

そしてそれが一段落すると、さらなる怪異が降りかかる。

「住職の読経の声です。お経を読む声が、四六時中ずっと耳の中で繰り返されるようになりました」

お経の声。

それは決して、空耳ではなかった。

ブロックをかけられた阿闍梨が、強い念を飛ばしていることを藍子さんは感じた。

お経の声。

——藍子さん。

住職は彼女に呼びかける。

やめて。やめてください。

お経の声。お経の声。

——藍子さん。

やめて。お願いだから、もうやめて。

耳の中でリフレインされる読経の声と呼びかけは、やがて脳髄までをも侵し始めた。どこにいても、何をしていても、阿闍梨のお経が頭の中でぐわん、ぐわんと鳴りひびく。

お経の声。

――藍子さん。

激しい太鼓の音。

助けて。誰か。

お経の声。

――藍子さん。

燃えさかる炎の音。

誰か。誰かああ。

お経の声。

――藍子さん。藍子さん。

パチパチと護摩木が弾ける音。

助けて。助けて。助けて。

お経の声。

お経の声お経の声お経の声。

藍子さん藍子さん藍子さん藍子さん。

お経の声藍子さんお経の声藍子さんお経の声藍子さんお経の声藍子さんお経の声藍子さ

んお経の声藍子さんお経の声藍子さんお経の声藍子さんお経の声藍子さんお経の声藍子さんお経の声藍子さん。

「気が触れそうになるぐらい、読経の声に悩まされました。しかも」

思いがけない禍は、藍子さんの師にも襲いかかった。

師匠が鑑定の仕事をしていると、突然――。

「住職が後ろにいたそうです」

師匠はギョッとした。

気づけばいきなり、背後に住職が立っている。

鑑定中のことだった。

目の前には客がいる。

もちろん客は気づいていない。幽体離脱をしてやってきた住職は、藍子さんの師匠の背後にひざまずいた。

身を乗りだし、師匠の耳もとで後ろから言った。

――藍子を取らないでくれ。

ぞわり。

師匠は何食わぬ顔をして、客とやりとりをした。だがそれでも、粟粒のような鳥肌が立つことまでは自制できない。

なおも後ろから、住職は言った。

——藍子は僕のものだ。僕のものなんだ。取らないでくれ。取らないでくれ。

「もう、鑑定どころではなくなってしまったそうです。そしてそれを契機に、とうとう師匠と住職の間で諍いが始まってしまいました」

呪術による戦いは、フィクションの世界の話だけではない。ともに密教呪術を極めた霊能者二人は、命を削るようなバトルを開始した。

「愛染明王様の呪法に愛を繋ぐ術があって、住職の唱えたそれが私に降りかかってくるんです。住職はそれを使って私と繋がろうとする。すると師匠は、そうはさせじと結界を張ってくださり、阿闍梨に対抗する。そんなことをはじめとする二人の術のかけあいが延々と続きました」

愛欲道に堕ちた住職が繰りだす呪いの影響は、引きつづき藍子さんにも出た。

とにかく占いの客が来ない。

いつも賑わう客からの依頼が完全に途絶え、パソコンがクラッシュし、家中の電球が次々に火花と煙をあげる。

結局客は、一か月もの間入ってこなかった。

しかも常に、経読む声が鳴りひびく。

まさに異常事態である。

こんなこともあった。

寝苦しさにかられ、うめきながら夜中に目を覚ます。藍子さんは床の中にいた。すると彼女の上に、住職が覆いかぶさっている。

幽体離脱をし、藍子さんの元に忍んできていた。両手を回し、彼女を抱きしめ続けている。

「もうだめだって思いましたね。何とかしなきゃって。真言宗だけじゃなく、日蓮宗のお寺にまでいろいろと相談をして、味方になってもらいました」

しかし。

ついにそれは、起きてしまった。

次なる災厄はとんでもない形でやってきた。

「私、ネット鑑定だけじゃなく対面鑑定もしているものですから。その日はお客さんのところに行くために、車で出かけたんです」

それは昨年十一月の初めのことだった。

客との待ちあわせ場所に行くためには、小山を越える必要があった。

藍子さんはハンドルを握り、緩やかな坂道でアクセルを踏んだ。

すると。

「あれ、どうしたのって思いました。なだらかなカーブにさしかかっていました。スピードだって、上り坂ですしそんなに出ているわけじゃない。それなのに」

ハンドルが切れない。

どういうことなのか分からない。

だがとにかくハンドルが切れないのだ。

彼女は見る見るコースをはずれ、決して急ではないはずのカーブを曲がりきれずに。

「道路から飛び出し、転落しました。私、悲鳴をあげながら車ごと落ちて」

気絶をした。

意識のブレーカーが完全に落ち、深い闇へと引きずりこまれる。

だが。

――藍ちゃん。

誰かが自分を呼ぶ声に意識を戻された。

藍子さんはハッとして目を開ける。

ふわり。

すると、なぜだか身体が浮いた。そんな気がした。

そして。

すさまじい衝撃。

世界が揺れた。

またしても悲鳴をあげながら、ハンドルを握ったまま身をすくめた。

車が軋む。

激しい揺れ。

それでも少しずつ、揺れが沈静化していく。

藍子さんはゆっくりと力を抜いた。ようやくあたりに意識が向く。車は、山肌と大きな岩の間に挟みこまれるようにして止まっていた。車とその下の地面の間には、三メートルほどの空間があった。

あとになって分かったことだったが、藍子さんは十二メートルも落下していた。つまり岩がなければ、十五メートル下の地面に激突していたことになる。

「あわてて警察に連絡をしました。そして空中に宙ぶらりんの状態のまま、助けが来るのを待ちました。車が岩と山肌の間をずれて落ちてしまうんじゃないかと思うと、生きた心地がしませんでしたね」

やがて、警察をはじめとしたレスキュー部隊が到着し、彼女は無事救出される。

だが藍子さんを助け出したプロフェッショナルたちは、事故現場の不可解さに一様に首をかしげた。

「ふつう、車って前のほうから落ちるものらしいんです。そっちのほうが重いので。でも私の車は、ほとんど水平に落下して岩と山肌に挟まれていました」

専門家たちが不審に思ったのはそれだけではなかった。これだけの大事故なのに、車はほとんど損傷がなく、エアバッグも開いていない。

「ものすごい衝撃に感じたんですけど、本当ならもっとすさまじくてもおかしくなかったそうです。不思議なぐらい衝撃は小さかったはずだと言われました。エアバッグが開いていないのが何よりの証拠だって」

藍子さんを救出した人々は、一様に「奇跡だ」と口を揃えた。

ひょっとして故障していたのではないかとエアバッグを調べられたが、故障などしていなかった。

もちろん本人も怪我ひとつない。

「どこも何ともないなんてあり得ないからとにかく検査を受けてくれって言われて病院に行ったんですけど、結局どこにも異常はありませんでした」

九死に一生とはこのことだった。

藍子さんは阿闍梨を思いだしておびえつつも、救ってくれたのは多分亡くなった母親だろうと言う。

彼女の母親についても、実はいろいろと不思議なエピソードを聞いている。

ここでは紙幅の関係もありそれらについてはお話しできないが、藍子さんがそう思うのも無理はないと私も思った。

確実に、藍子さんは母親に守られたはずだ。気を失った彼女に呼びかけた声も、母親のものだったに違いない。

それまで以上に身の危険を感じるようになった藍子さんは、さまざまな宗教家に相談した末、ついに高野山にたどりついた。

実際の高野山までは距離がありすぎて行くことがかなわないため、分院に駆けこみ、助けを求めた。

厳冬の季節。何度も何度も、藍子さんはそこに通った。

「そのおかげで、ということだと思います。ようやく少しずつピークが過ぎてきた感じがしています」

藍子さんはそう言って、ちょっぴり安堵したような笑顔になった。

「でもいまだに来ますよ。やっぱりお経は聞こえますし、それに」

――藍子さん。藍子さん。

その声は、ずっと変わらず、今も彼女を苦しめている。

「明らかに住職のメッセージだなって思うこともいろいろとあります。私、これまで事故なんて起こしたことなかったのに、あの転落事故以来、もう三回も小さな事故を起こしています。しかもみんな、お寺の駐車場でばかり」

彼女を頼ってくる客にも異変があった。

ようやく客足は戻ったものの、相談にくる客はなぜだか僧侶が異様に多い。奇妙なことに、僧侶ばかり十数件も相談が続いたこともある。

「僕のことを思いだせって言われている気がするんです。こっちを見ろ、こっちを見ろって」

藍子さんはため息をついた。

「この先いったいどうなるやら。先のことを考えると憂鬱になりますよね、正直」

藍子さんはそう言って、重苦しい顔つきになったのだった。

ちなみに阿闍梨は、今日も変わらず自分の寺で護摩祈祷を続けている。

だが、以前との違いは歴然だと言う。

「前はほんとにすごかったんです、お護摩の炎が。すごい勢いで天井近くまで燃えあがって。それなのに、今はあまり燃えていないみたい。不動明王様が降りてみえないんでしょうね」

護摩の炎には、仏様が乗る。

仏様と僧侶の縁が強くなればなるほど、炎は大きさを増すのだそうだ。

「だから今は、不動明王様とのご縁がとても薄くなってしまっているのだと思います。気持ちが入っていらっしゃらないのでしょうね」

——藍子さん。藍子さん。

今日もまた、住職の声が頭蓋で響く。

読経の声が耳を舐める。

藍子さんが枕を高くして眠れる日は、残念ながらまだ遠い。

シリアの狼

「生き霊ってあるんですよ、幽木さん。私のところにも、飛んでくるようになりましたから」

愛里さんは三十代のシングルマザー。

波瀾万丈な生活となった、彼女の夫と自身について相談を受けた。

そのことが縁で、私は奇妙な話を聞くことになる。

夫の名は、野上さんとしておこう。

六年ほど前、友人の紹介で知りあった。

愛里さんは当時バツイチ。

二人の娘がいた。別れた前夫といろいろあり、自暴自棄になっていたとき、野上さんと出会った。

初対面の印象は決してよくなかったという。

「とにかくつかみどころがないんです。何を考えているのかよく分からない。ただ、やさしいところもなくはなかったんですよね」

悩んだが、この人となら前の彼とよりは幸せになれるかもしれないと、愛里さんは期待を抱いた。

娘たちを連れ、野上さんと結婚をした。団地での新婚生活が始まった。

ところが——。

「もともと、よく分からないところのある人ではありました。娘たちも、正直あまりなつかなかった。でも、そんな野上の裏の顔は、結婚をしたらさらにはっきりとしてきたんです」

結婚をしてすぐの頃だった。今から五年ほど前である。

——あの、実はさ。

野上さんは、あるとき突然、告白をした。

「『黙っていてごめん。実は俺、昔シリアでたくさん人を殺してきたんだ』って言うんです」

愛里さんは驚いた。

どういうことかと野上さんに聞いた。

すると野上さんは、決して誰にも口外しないことを前提に、妻となった愛里さんに語った。

当時の野上さんは三十代後半。

シリアに渡航したのは、それより十年ほど前のことだという。シリアの内戦が本格化した頃だ。

「人間というものがどこまで残酷になれるのか、凄惨な現場に身を置いてこの目で見てみたいと思ったたっていうんです」

シリアでは、アサド大統領による独裁政権が、四十年もの長きにわたって続いていた。アラブの春を契機として始まった内戦は、独裁政権からの民主化を訴える運動が発端だった。

だが、過激派組織ＩＳＩＬなどが参戦し、アメリカ、フランスをはじめとした多国籍軍や、ロシア、イランまでもが軍事介入を行ったことで、文字どおり内戦は泥沼化していった。

野上さんはそんなシリア内戦に、外国人義勇兵として参加したという。

「ベトナムのジャングルで、アメリカ陸軍の特殊部隊……グリーンベレーっていうんですか？　そこにいた退役軍人がやっている、義勇兵志願者のための戦闘訓練所みたいなものがあって、一年間、日本とベトナムを行ったり来たりしながら、いろいろなことを学んだって言っていました。シリアに向かったのは、ベトナムのジャングルでの訓練が終わってからだったそうです」

米陸軍のグリーンベレー出身だという退役軍人は、世界各国から集まってくる義勇軍志望の若者たちに銃の扱いかたや戦闘の基礎訓練、さまざまなサバイバル術、はてはゲリラ戦のノウハウまで指導した。

野上さんはそこでの訓練を終え、シリアに向かった。

そのときの思い出話になると、野上さんは日頃のけだるさが嘘のように、爛々と目を輝かせた。

大好きなたばこを吸いながら、人が変わったように愛里さんに語った。

「いろいろなことを聞きました。引き金の抵抗力とか、実弾を撃ち、それが人に当たったときの、何とも言えない感覚。身体に覚えるズシッという衝撃。全身をアドレナリンが駆けめぐる、すごい昂揚感」

愛里さんは当時を思いだし、私に言う。

「そこで出会った仲間の話。戦闘の末、二度と帰ってくることのなかった友人のこと。テレビなんかで有名な戦場カメラマンにも会って、一緒に飲んだとも言っていました。シリアの人たちからは『狼』と呼ばれて敬愛されていたんだよ、なんて嬉しそうに話もしました」

野上さんが義勇兵としてシリアにいたのは、約三年。

その間も、何度も日本とシリアを往復し、一日も早く彼の地に平和が戻ることを祈りながら、シリアに戻れば自分を捨て、戦闘に身を投じる危険な日々を送ったという。

「悲鳴で目が覚めるのが日常だったと言っていました。地雷で人が吹き飛ぶから。ときどきご飯を作ってくれた仲のいい女性が、ある日、突然地雷で死んだり。その人のことは今でも忘れられないって、目に涙を浮かべて思い出話をしました。もしかしたら、恋に近い感情だったのかもなんて言いながら」

シリアでは、日本人はとても人気があるのだと野上さんは言った。

お金を持っているから。夜になると毎晩のように外に女が現れ、自分を買わないかと交渉を持ちかけてきた。

だが俺は、そういうことは一度もやらなかったんだと野上さんは言った。

裸になって誘われても、決して誘惑に負けなかった。

そんな野上さんがただ一人、今でも脳裏に蘇るのは、地雷のせいで命を落とした件の女性だという。

「こんな感じの人だったんだって、日本の有名な女優さんの画像をスマートフォンで検索して、見せてくれました。知らなかった夫の意外な過去に、正直私は、ただただ驚くばかりでした」

野上さんは、それからは堰を切ったようにシリアの話をするようになった。

酒が入ると、それはもう嬉々として。シラフのときにも延々と、思い出話を披露する。

「もう、何百時間もっていうぐらいでしたよ。口を開けばそのことばかり。でも、そんな威勢のいい思い出話とは裏腹に、実生活でははっきり言って、思っていた以上にだめ人間でした」

当時を思いだして、愛里さんは言う。

とにかく仕事が長続きしない。しかも仕事を辞めるとき、次の仕事をどうするかを考えもせず、平気で辞めてしまう。

長いこと無職のまま、家でごろごろしていたこともあったという。

「とにかく、やると言ったことをやってくれません。それなのに、俺はできる人間だという主張がすごい。現実と自己評価のギャップの激しさにとまどいました」

やがて二人には子供ができた。

しかし野上さんは変わらない。

子供が生まれたのだから、少しがんばらなくてはなどとはならず、どこまでもマイペース。

出産後、腰に痛みが出た愛里さんは動くこともままならず、赤ん坊の世話をする以外、ほとんど寝たきりで過ごすようになった。

夫婦の収入は、当然おぼつかない。

それなのに、野上さんはいきなり高額なものを買ってきたりして、ついに家族の生活は破綻した。

しばらくは愛里さんのクレジットカードで生活費をおぎなったが、ついにその支払いもできなくなった。

「そうしたら信じられないことに『俺はもう無理。あとは弁護士が話を聞くから、何かあったらそちらにどうぞ』と突然言われ、野上は実家に戻ってしまいました」

こうして二人の結婚生活は崩壊し、今後のことについて、ＬＩＮＥや電話で話をする生活が始まった。

愛里さんは動きたくても、腰が痛くて動けない。

病院に行くお金もない。生活費をどうしよう。支払いをどうしよう。

そして——子供たちをどうしよう。

弁護士なんて雇うお金があるのなら、どうして生活費にあててくれないのだろう。どうしたらがんばろうと考え直してくれるだろう。

言いたいこと、聞きたいこと、話しあわねばならないことは山とあった。

しかし肝腎なことになると、野上さんは弁護士を通してとなったり、ポエムのような、わけの分からない言葉で愛里さんをけむに巻いた。

話しあいは、遅々として進まない。

愛里さんは万策が尽きた。

会ったことのなかった、野上さんの姉を頼った。

「沙織さんというお姉さんです。若いのに、事業家としていろいろとやっている人でした。仲が悪いとかで、沙織さんには一度も会わせてもらえなかったんですけど、相談に乗ってもらえそうな人は、もう沙織さんしかいなかった。私は恥を忍んでコンタクトを取りました」

こうして愛里さんは沙織さんと会った。

ひと目見るなり息を呑んだ。

沙織さんは、目の覚めるような美人だった。

「でも、気取ったところのないサバサバした人で、快く私の相談に乗ってくれました。私たち親子がお金に困っていると知ると、申し訳ないことに金銭的な援助までしてくれたんです。ほんとにありがたかった」

愛里さんから弟のシリア話を聞いた沙織さんは、すかさずこう言ったという。

――はあ？　あいつ、シリアどころか国内線の飛行機にすら乗ったことないはずだけど。

愛里さんは、しつこく聞かされた夫の思い出話が完全に妄想だったことを知った。

そんな馬鹿な。

だってあの人の話はとてもリアルで、すごく熱が入っていて、しかも、一緒に暮らしていた頃聞かされた話のほぼすべてがシリアだった。

シリア、シリア。

シリアシリアシリアシリアシリアシリアシリア。

「あなた、私を騙してたのって、ＬＩＮＥで野上に問いかけました。怒りましたね、あの人」

愛里さんは言う。

「私が沙織さんと会ったことに猛烈に激怒して、私を罵りました。絶対に会うなって言っただろ。お前、ふざけんなよって。そして」

その日から、愛里さんの家では不気味な現象が頻発する。

団地の共同階段や、部屋の中。

あるいはベランダなどで、たばこの匂いを感じた。

野上さんが戻ってきたのかと思ったが、そんなはずはない。しかしたばこの匂いは、間違いなく野上さんのもの。独特な、甘い匂いがした。

こんなこともあった。

ある、深夜。

沙織さんとLINEでやりとりをしている最中に、愛里さんは気づいた。

豆球しか点いていない寝室の天井近くを、黒い玉が猛スピードで飛んでいる。玉は小さめのメロンくらいの大きさだった。

何だろうとは思ったが、会話に夢中になっているせいもあり、そのままにした。

すると、翌朝。

「長女が『ねえ、母ちゃん。昨日の夜さ、何か黒いのが飛んでたんだけど』と言うんです」

えっ、黒いのって何、と愛里さんは聞いた。

長女は「真っ黒黒すけのちょっとデカい奴。すげー動き速いの」と言う。

それはたしかに、愛里さんも目撃したものだった。

「何だか気持ち悪いなと思いながら、私はその頃、毎日の日課のようになっていた沙織さんへの連絡をしようとしました。黒い玉の話も書いて送ろうとしたら」

――ドサリッ！

ひぃぃぃぃ。

突然、何かが落ちてきた。後ろから強い力で抱きつかれる。

異常な重さを、愛里さんは感じた。

なに。なになになに。

動転して振り返るが、何もない。だが、何もないはずはないのだ。異様に重いものに背後から抱きつかれ、しかも、首まで絞められている。

「『やめて、放して、やめて』って、私、半狂乱になってあばれました。二人の娘もパニックになって悲鳴をあげたり、赤ん坊も泣きだしてしまったり」

愛里さんは自分に覆いかぶさり、首を絞めている何かをふりほどこうと必死になった。

床に転がり、のたうち回り、首を絞めるものを両手でつかんだ。

ヌルッ。

泥だかヘドロだか分からないような、薄気味悪い感触がした。反射的に放したくなるような、グロテスクな手触り。

それでも愛里さんは床を転がり、首を絞めるそれを懸命に引き剥がそうとした。

ぐえっ、ぐえぇっ。

断末魔のような呻き声をあげて床を転がる母親に、娘たちはただただ泣いた。

「やがて、首を絞める感覚だけは何とか薄らいだので、私は二人の娘を連れ、赤ん坊を抱きかかえて近くの神社に走りました。殺されると、本気で思いました」

愛里さんたちはようやく、神社に到着した。

ふわり。

鳥居をくぐった瞬間、気持ちのいい風が前から吹いた。

するとようやく、後ろからはがいじめにされたような圧迫感と重さが取れ、愛里さんは脱力感に襲われた。

あの人だ。

愛里さんは確信した。ひょっとして昨日の黒い玉も、このわけの分からないものもあの人の生き霊ではないだろうか。

そんな物騒なものを飛ばしてくるのは、夫以外考えられなかった。予兆のようにただよったばこの匂いが、何よりの証拠ではあるまいか。

「気持ちの悪いもの飛ばさないでって、怒り半分に夫にＬＩＮＥをしました。でも、既読にはなるんですが返信はありません。何度かメッセージを送ってみるんですけど、既読になるだけ。一切無視。私、いよいよ薄気味悪くなってしまって」

そして、翌日の夜。

そいつは、いよいよ現れた。

子供たちを寝かしつけ、ようやく愛里さんも人心地ついた。

みんなで眠る部屋の灯りをいつものように豆球だけにして、ウトウトしていた。

……ぁ。

えっ？

……ぁ、ぁ、ぁ……ぁぁぁ……。

最初は、夢を見ているのかと思った。

何やら不気味な呻き声が、どこからともなく聞こえてくる。

……ぁ、ぁぁ、ぁぁ……ぁぁぁ、ぁぁぁ……。

「夢の中で『えっ、何これ……』とか思っているんです。なんていうんでしょう、夢なのか現実なのかよく分からない感じ。すると、次第にいろいろな音が聞こえ始めて。でも、そんな中でもひときわくっきりと聞こえてくるのが、鳥肌が立つような気持ちの悪い呻き声なんですね」

愛里さんはわけが分からなくなりながらも、耳をそばだてた。

騒音。

市街地で、銃撃戦でも始まったのかと思うような。

子供や女の悲鳴が方々から聞こえる。罵りあう男たちの野太い声もした。

……ぁぁ、ぁぁ、ぁぁ。ぁぁぁぁぁ。

ズシリと臓腑にまで響く、アサルトライフルの連射音。転がる薬莢の金属音。耳をおおいたくなるすさまじい爆発音。

けたたましい足音。

……ぁぁぁ、ぁぁぁ……ぁぁ、ぁぁぁ……ぁぁぁぁぁぁ。

銃声がとどろいた。

さらに、悲鳴。さらに、怒号。

ぁぁぁ。ぁぁぁ。ぁぁぁ。ぁぁぁぁ。

子供が泣いている。ヒステリックに女が叫ぶ。銃声がとどろき、女の叫びが途中で絶える。

こんな感じの人だったんだ。

有名女優の画像を、悲しげな顔つきで夫が見せる。野上さんの両目から、ぼろりと涙があふれ出る。

ああ。ああああ。ああああああ。

「ハッと目が覚め、飛びおきました。すべての音が止まりました。私、すごい汗をかいていて。身体中の毛穴という毛穴から汗が噴きだしていました」

そう言って、愛里さんは顔を拭う真似をする。

「額も頬も、もうびっしょり。乱れた息をととのえながら、貼りついた髪をかきあげて汗を拭いました。そして、気がつきました」

布団のかたわらに、何かが立っている。

豆球ひとつきりの暗い部屋。愛里さんはたしかにその足を見た。

人、ではなかった。

人だとしたら、どうしてこんなに足が黒いのだ。どうして泥だかヘドロだか分からないものが、ぽたり、ぽたりと垂れているのだ。

卒倒しそうになった。愛里さんは見あげた。

赤黒く、どろどろした、人くらいの大きさの何か。

何か、としか言いようがなかった。

こんなもの、初めて見る。

赤黒いグロテスクな物体は、泥のような固まりだ。ビチャビチャと粘る汚塊《おかい》をしたたらせ、愛里さんに近づこうとする。

「誰かが悲鳴をあげました。私の悲鳴だって気がつくまでに、ちょっと時間がかかりました。二人の娘を起こし、赤ん坊を抱えて部屋を飛び出しました。上の娘も同じものが見えたみたいです。一緒に悲鳴をあげ、妹の手を引っぱって私のあとに続きました」

真夜中に外に飛び出した愛里さんたちが、覚悟を決めて部屋に戻るまでには、一時間近くかかったという。

部屋に戻ると、グロテスクな物体はもういなかった。

それ以来、生き霊らしきものは二度とやってこなかったという。

ちなみに、野上さんの命式には、いくぶん特徴がある。

年　丁巳《ていかのみ》
月　乙巳《おつぼくのみ》
日　乙亥

日干支が「乙亥」ということは「日座中殺」の宿命（甲戌《こうぼくのいぬ》、乙亥は「日座中殺」）。変わり者になりやすい。

実家や配偶者、身内——いろいろなところに問題が発生する。そして、子供が生まれると伴侶との仲が悪くなる傾向も持つ。

その上さらに、地支の「亥」と「巳」は「冲動」の関係だ。真北と真南というように対極に位置し、常に激突しあう地支同士になる。

野上さんの命式には、これがふたつもある。

年　丁**巳**
月　乙巳
日　乙**亥**

年　丁巳
月　乙**巳**
日　乙**亥**

巳亥の冲動×巳亥の冲動。

これは「二重冲動」と言い、どうしてもかなり激しい、不安定極まりない宿命になりやすい。

人生の波乱はどうしてもまぬがれない。

私は今さらのように、野上さんの命式に胸を締めつけられる気持ちになった。


「ああ、そうそう」

奇妙な怪異譚を話し終えると、思いだしたように愛里さんは言った。

スマホを取りだすと白い指で操作をし、液晶画面を私に差しだす。

そこには、例の有名女優が表示されていた。

「綺麗な人ですよね。あの、幽木さん、この人ね」

愛里さんは私に言った。

「沙織さんとそっくりなんです」

私は言葉もなく、愛里さんを見た。

「どういうことなんだろうって思ったんですけど、考えるのはやめにしました。どっちにしても、私にとってはもう終わった話ですしね」

愛里さんはそう言って、晴れ晴れとした顔で微笑んだ。

彼女と野上さんの離婚は、調停の末、その後無事に成立した。

理加ちゃん

「怖くはないかもしれませんけど、不思議な体験ならしています。もうずいぶん古い話ですが」

そう言って体験談を聞かせてくれたのは、鑑定で知りあった志水さん。

彼女の話はいたましくも不思議な、せつない怪異譚だった。

「二十年前、暦の上ではもう春でしたが、まだまだ寒いときでした。私は……長女を亡くしました」

当時の志水さんは、結婚四年目。

転勤族の夫とともに、九州某県のある街で暮らしていた。結婚後すぐに授かった長男と三人でだった。

住まいは築十五年ほどのマンション。

十一階建てで、戸数は百戸ぐらいだったという。

「二階の角部屋で暮らしていました。目の前に川があって、自然の豊かな土地柄でしたよ。住んでいるのは、やっぱり転勤族が多かったかな」

近くにはスーパーや金融機関、公園もあり、不便な場所ではなかった。

だが夫は仕事が忙しく、志水さんは初めての育児に加え、転勤に次ぐ転勤で周囲に知りあいもなく、寂しい毎日を送っていた。

そんなとき、待望の第二子に恵まれた。

「嬉しいけれど、毎日の寂しさもあり、複雑な気持ちだったことを覚えています。私は長男の世話に追われながら、お産の準備を始めました」

だが、知らない間に疲れが溜まっていったのか。

妊娠して六か月ほど経った頃、志水さんは風邪を引いた。しかし、すぐに治るだろうと簡単に考えた。

「それが間違いでした。だんだん頭痛や咳がひどくなってしまって。ある日の午後、トイレに行くと出血をしていました」

あわてた志水さんは、すぐに主治医を頼った。

診断は、気管支炎。

すぐに入院するよう勧められ、夫にも連絡をした。志水さんは、主治医からこう言われたと言う。

——残念ですが、お子さんはお生まれになっても障害が残るか、最悪の場合は命の危険もあります。

「頭の中が真っ白になりました。育てる自信がありませんって答えたことを覚えています。正直、そのあとの先生とのやりとりはまったく記憶にありません」

それから志水さんは、連日にわたって点滴をされ、絶対安静になった。

そんな状態で一週間ほど過ごしたが、それでも出血は止まらない。このままでは母体が危ないと判断された。

「その結果、促進剤を使って出産することになりました。ベッドの上で、私は輸血の誓約書にサインをしました。どうしよう、どうしよう、どうしよう。どうしてこんなことになってしまったのって、ぐるぐると堂々めぐりばかりでした」

そして。

結果は死産に終わった。

おめでとうという祝福の言葉もない、わびしい出産。

志水さんはただの一度も、生まれた赤ちゃん——理加ちゃんという名に決めていた娘をその手に抱くこともなく、隣のベッドに横たわる小さな娘を見つめ続けた。

「本当に悲しいときって涙も出ないんだなって思いました。数時間後、赤ちゃんを連れ帰るため主人が箱を持ってきたのですが、その箱があまりにも小さくて」

どうしてこんな小さな箱にと思うと、さまざまな感情が奔流のようにあふれ出した。

理加ちゃん。

理加ちゃん、理加ちゃん。

ようやく、志水さんは号泣した。

不思議なことに、それから一年ほどはほとんど記憶がない。つらすぎて、すべてを忘却の彼方に押し流したかったからかもしれないと彼女は言う。

「とにかく毎日必死でした。そしてようやく、ほんとにようやく、何かを変えなきゃっていう気持ちになることができました」

そんな風にしてたまたま立ち寄った、ある書店。当時流行っていた風水の本を手に取り、盛り塩というものを初めて知った。

志水さんはさっそく、玄関や部屋に塩を置いた。

すると、それから一月ほど経ったある日のこと。

「お昼のバラエティ番組を見ていたんです。そうしたら」

何だかいきなり、胸がドキドキした。

あれ、何。何なの、この感覚。
そう思いながら、彼女はテレビから視線をはずし、ふと目をあげた。
すると。
それはあった。
丸くて透明に近い、奇妙な球体。しいて言うならオーブに近い。
……なんだろう。
志水さんは思った。
目を細め、さらにじっと、それを見た。
やがて。
「ぞわぞわわって背筋に来ました。身体中に鳥肌が立ちました」
球体が宙に浮いていること自体、考えるまでもなく奇妙である。
だが不思議に怖さはなかった。
むしろ、温かい。心がほっこりとした。
自然に志水さんは。
——理加ちゃん?
娘の名を呼んだ。

声が、ふるえた。

間違いない。

理加ちゃんだ。理加ちゃんが来てくれた。

志水さんは胸を締めつけられた。

声も出せなくなった。

「どうしてでしょうね。これは娘だって分かりました。そして、同時に思ったんです。まばたきをしたら絶対にいなくなってしまう。そうしたらもう二度と、私はこの子と会えないって」

志水さんは必死に目を開け、謎の球体を見つめ続けた。

どうしよう、行かないで。理加ちゃん、お願い。ここにいて。

涙で目がかすんだ。

熱いものが頬を伝う。

だが涙を拭うこともできず、志水さんは愛娘を見た。

球体が揺れた。

だめ。行かないで。お願い。お願い。

あふれる涙をどうすることもできなかった。しっかりと見ていたいのに、視界がかすんで球体がなおも揺らめく。
行かないで。理加ちゃん。
理加ちゃん。理加ちゃん。理加——。
こらえきれずに目を閉じた。閉じてしまった。
「あわてて目を開けました。でも」
オーブのような球体は、もうどこにもなかった。
志水さんはその場にくずおれ、声を出して泣いた。

話を聞き終えた私は、もしよければと娘さんの命日を聞いた。

年干支　辛亥——甲　壬
月干支　庚寅《こうきんのとら》——戊丙甲
日干支　己丑——癸辛巳

これが志水さんの命式。
狭義では、志水さん自身は日干「己（土性陰干）」。

そして、日干「己」の志水さんにとって、子供となるのは「土生金」で金性の十干、すなわち「庚（金性陽干）」「辛（金性陰干）」になる。

年干支	**辛**亥	甲 壬
月干支	**庚**寅	戊丙甲
日干支	己丑	癸**辛**巳

つまり志水さんは、お子さん三人を持つのが一番宿命どおりということになる。だがここでポイントになるのは、子供が金性の干だということだ。

それを前提に、今度は志水さんが娘さんを亡くした年の、彼女の運勢を見てみたい。

運勢を見る場合はすでにご紹介した通り、その人の宿命三干支に、十年に一度変わる「大運干支」、その年の「年運干支」を加えた五柱法というもので見る。

ということで、まずは宿命に大運干支を加えてみる。

年干支	辛亥	甲	壬
月干支	庚寅	戊丙甲	
日干支	己丑	癸辛巳	
大運干支	癸巳		

志水さんが娘さんを失った当時、大運干支として回ってきていたのは「癸巳」。大運支「巳」と宿命にある年支「亥」は「巳亥の冲動」と言って、かなり激しい激突の散法を発生させる。

年干支	辛**亥**	甲	壬
月干支	庚寅	戊丙甲	
日干支	己丑	癸辛巳	
大運干支	癸**巳**		

すると、どうなるか。

年干支	**辛亥**	**甲　壬**

年支「亥」が「巳」によって討たれることは「辛」「甲」「壬」と、年柱にあるすべての十干が討たれることを意味する。

そして、前述の通り十干「辛」が意味するのは、子供（正確に言うと「辛」は志水さんの父親も意味するが、ここでは子供ととる）。

つまりこの時期、志水さんは何らかの形でお子さんに対する問題が持ちあがりやすいことが暗示されていたことになる。

その上で、娘さんがお亡くなりになった年の年運干支「辛巳」も加えて見る。

年干支	辛亥	甲　壬
月干支	庚寅	戊丙甲
日干支	己丑	癸辛巳
大運干支	癸巳	
年運干支	辛巳	

お気づきだろうか。この年の年運干は「辛」。志水さんにとってはお子さんに当たる運命の十干が回ってきている。

つまりこの年は、何らかの形で子供が大きなテーマになるということだ。しかもその運勢を見ると、子供に関する暗示は相当凶意を帯びている。

年干支	**辛亥**	甲　壬
月干支	庚寅	戊丙甲
日干支	己丑	癸辛巳
大運干支	癸巳	
年運干支	**辛巳**	

年干支「辛亥」と、この年の年運干支「辛巳」は「納音《なっちん》」という状態を発生させる。

十干が同一で十二支が冲動（真逆の対立）になるものを「納音」というが、これはズバリ「人生が一八〇度変わるような出来事が起きる」ことを暗示する。

しかも不吉なことに「納音」を成立させる十干は子供を意味する「辛」。子供が討たれ、人生が一八〇度度変わる「納音」が生まれている。

そしてさらに言うなら、志水さんが娘さんを亡くした月の干支は「庚寅」だ。

年干支	辛亥	甲 壬
月干支	**庚寅**	戊丙甲
日干支	己丑	癸辛巳
大運干支	癸巳	
年運干支	辛巳	
月運干支	**庚寅**	

月運干支「庚寅」は、志水さんの月干支「庚寅」と同じ。こういう状態を「律音《りっちん》」と言う。

律音が意味するところは、リセット、やり直し、そして、再出発。

何と意味深な象意であろうか。

志水さんは言う。

「障害が残るかもってお医者さんに言われたとき、私、頭が真っ白になってしまって。そんなの絶対に無理なんて、どこかで娘を拒絶していました。あのときのことを思いだすと、いまだに罪の意識があります。親として失格だったなって、今でも思っています」

そんな志水さんを上手に慰められる言葉は、残念ながら持ちあわせがなかった。

二十年も前のことなのに、志水さんが語る鎮魂の怪異譚は、まるでつい最近の出来事のように、何もかもが鮮明だ。

今でも志水さんは毎日仏前に線香をあげ、亡き娘さんを偲び続けている。

理加ちゃんの魂は、今もきっと、志水さんのそばにいる。

私には、そんな気がしてならなかった。

あとがき

子供のころから「不思議」が大好きでした。

そんな私が、心から魅了される占いをついに生業とするようになったばかりか、さらには怪異蒐集家としてこんな風に怪談の本まで出すようになったこともまた、私にとっては大いなる「不思議」です。

そんな私の周囲には、今日もいろいろと不思議なかたが集まってきてくれます。

みなさんそれぞれ、面妖な能力や体験談をお持ちで、私は彼ら彼女らとオカルトの話や幽霊の話、神や仏の話を朝から晩まで夢中になってしながら、一人になれば広大にして深遠な算命学の海を手漕ぎの船で旅しています。

御覧いただいた怪談の数々は、そんな私の「よく考えたらかなり不思議」かもしれない奇妙な毎日から誕生したものです。

そうした中、今回の怪談でも意識したこと——。

それは、ただ怖いというだけでなく、語って聞かせてくれた人々の人生までもが少しでもみなさんに届くような怪異譚を、ということでしたが、それがどこまで成功したかは、読者各位の判断にゆだねたいと思います。

しつこいようですが、世の中は不思議に満ちています。

怪異にも満ちています。

もしかして、じつはあなたも人知れず「えっと、じつはですね……」という経験をなさっているのではないでしょうか。

そんなかたは、ぜひ幽木まで御一報を。心よりお待ち申し上げます。

世の中は日々不穏さを増しています。

はっきり言えばいやな世の中です。みんなで怪談を「ひいぃ、怖いぃ」と心から楽しんだりできる世の中こそが、健全なのだと私は思います。

何があろうと、人生は生きるに値します。

共にサバイバルしてまいりましょう。

ではではまた、次回も極上の「ひいぃ」を一緒に楽しめますことを。

令和四年四月　幽木武彦

忌神怪談 占い師の怖い話

2022年5月7日　初版第一刷発行

著者……………………………………………………………………………幽木武彦
カバーデザイン…………………………………………橋元浩明（sowhat.Inc）

発行人…………………………………………………………………………後藤明信
発行所……………………………………………………………株式会社　竹書房
〒102-0075　東京都千代田区三番町8-1　三番町東急ビル6F
email: info@takeshobo.co.jp
http://www.takeshobo.co.jp
印刷・製本……………………………………………………中央精版印刷株式会社